읽는 재미를 높인 초등 ~~~~~ ~램!

바빠
독해
시리즈

# 바쁜
## 초등학생을 위한
# 빠른 독해

재미있고
궁금해서
자꾸 읽고 싶어요!

3단계
초등 3~4학년

이지스에듀

영재 교육 선생님들의 선생님!

**호사라 박사**

분당 영재사랑(www.영재사랑.kr) 공동 대표
고려대학교 교육대학원 교수(전)
시도 교육청 영재교사연수 강사 역임

서울대학교 교육학과에서 학사와 석사 학위를, 버지니아 대학교(University of Virginia)에서 영재 교육학 박사 학위를 취득한 영재 교육 전문가이다. 미국 연방영재센터에서 영재 교사 연수 프로그램과 영재 교육 프로그램을 개발한 다음 귀국 후에는 한국교육개발원에서 '창의성 교육 프로그램'을, 한국교육학술정보원에서 'Creative Thinker' 프로그램을 개발했다. 또한 고려대학교 교육대학원과 각 시도교육청 산하 영재교육원 교사들을 위한 강의를 통해 한국영재교육 인력을 양성하고 있는 '선생님들의 선생님'이다.

분당에 영재사랑 교육연구소를 설립하여 유년기(6~13세) 영재들을 위한 논술, 수리, 탐구 프로그램을 직접 개발하여 수업을 진행하고 있다. 16년간의 지도 경험을 바탕으로 이번에는 모든 어린이를 위한 즐거운 독해 책을 고민하며 '바쁜 초등학생을 위한 빠른 독해'를 출간했다.

저서로는 《7살 첫 국어 1. 받침 없는 교과서 낱말》, 《7살 첫 국어 2. 받침 있는 교과서 낱말》, 《바쁜 초등학생을 위한 빠른 맞춤법 1, 2》, 《바빠 초등 속담 + 따라쓰기》, 《바빠 초등 사자성어 + 따라쓰기》가 있다.

## 바쁜 초등학생을 위한 빠른 독해 3단계

초판 1쇄 발행  2021년 11월 20일
초판 6쇄 발행  2024년 12월 30일
지은이  분당 영재사랑 교육연구소, 호사라
발행인  이지연
펴낸곳  이지스퍼블리싱(주)
출판사 등록번호  제313-2010-123호
주소  서울시 마포구 잔다리로 109 이지스 빌딩 5층(우편번호 04003)
대표전화  02-325-1722          팩스  02-326-1723
이지스퍼블리싱 홈페이지  www.easyspub.com    이지스에듀 카페  www.easysedu.co.kr
바빠 아지트 블로그  blog.naver.com/easyspub    인스타그램  @easys_edu
페이스북  www.facebook.com/easyspub2014  이메일  service@easyspub.co.kr

본부장  조은미    책임 편집  정지연, 이지혜, 박지연, 김현주    교정·교열  박명희, 김아롬    문제 검수  전수민
디자인  정우영, 손한나    삽화  김학수, 이민영    사진 제공  Shutterstock.com    전산편집  트인글터
인쇄  보광문화사    영업 및 문의  이주동, 김요한(support@easyspub.co.kr)
마케팅  라혜주    독자 지원  박애림, 김수경

• **이지스에듀**는 이지스퍼블리싱의 교육 브랜드입니다.
  (이지스에듀는 아이들을 탈락시키지 않고 모두 목적지까지 데려가는 정신으로 책을 만듭니다!)

안녕하세요! 저는 어린이들이 즐겁고 알차게 공부하는 방법을 16년째 연구하고 있는 호 박사예요. 여러분이 '바빠 독해' 1, 2단계를 만났다면, 제가 이 책을 왜 쓰게 되었는지는 이미 알고 있을 거예요.

아! 1, 2단계를 못 만났다고요? 그렇다면 제 꿈 이야기를 다시 들려 드릴게요. 어느 날 꿈 속에서 네 어린이의 대화를 엿듣게 되었어요.

나는 책 읽기가 싫어. 혼자 가만히 읽고 있으면 지겹고 심심해.

나는 글을 대충대충 읽어. 맞힐 수 있는 문제도 자꾸 틀려서 속상해.

나는 독해 책을 풀다가 포기했어. 자꾸 틀려서 혼나는 게 싫거든.

나는 독해 책이 재미없어서 풀다 말았어. 웃으면서 푸는 독해 책은 없을까?

이 꿈 이후로 저는 머리에 띠를 두르고 책을 쓰기 시작했어요. 심심하지 않고, 대충대충 읽는 습관을 고치고, 혼나지 않고, 웃으면서 즐겁게 공부할 수 있는 책을 상상하면서요.

1, 2단계가 저학년 친구들을 위한 것이었다면, 지금 여러분이 보고 있는 3, 4단계는 학교도 꽤 다녔고 공부법도 조금씩 익혀 가고 있지만, 실력을 더욱 확실하게 다지고 싶은 친구들을 위해 만들었답니다. 이 책이 여러분 마음에 꼭 들었으면 좋겠어요!

분당에 사는 '호박 사' 아니고 호 박사가.

# ☆ ☆ ☆
# 읽는 재미를 높인 초등 문해력 향상 프로그램
## "재미있고 궁금해서 자꾸 읽고 싶은 독해 책이에요!"

**한층 어려워진 3, 4학년 교과서 지문!** ──☆

많은 학부모님께서 3, 4학년 교과서를 받아 보시고, 급격한 난도 상승에 놀라셨을 겁니다. 단연 눈에 띄는 변화는 지문의 길이이며, 그다음으로는 어휘의 수준이지요. 이제 지문의 '글자'를 읽어도, 의미를 이해하지 못하는 일이 많아질 것입니다. '독해력', 이 세 글자가 절실해지는 이유이지요.

**모든 공부의 기본! '독해력'** ──☆

'독해력'은 '글을 읽고 의미를 이해하는 능력'입니다. 문제 상황을 글로 제시하고 해결하도록 요구하는 학교 평가에서 높은 성취를 이루려면, '독해력'이 필수입니다. 독해력은 글을 읽고 끝내는 게 아니라, 글의 내용과 내가 기억하고 이해한 내용이 얼마나 일치하는지 적극적으로 확인하는 과정을 반복하면서 길러집니다. 이때 거치는 과정은 학생들의 발달 단계에 맞게 차별화해야 합니다.

**3, 4학년 국어 읽기 영역 성취 기준에 딱 맞춘 책!** ──☆

3, 4학년 학생에게는 어떤 과정이 알맞을까요? 교육부가 제시한 초등 국어 성취 기준 중에서 독해력과 관련하여 3, 4학년 시기에 놓치지 말아야 할 것은 다음과 같습니다.

호 박사

| | |
|---|---|
| **읽기** | 1) 문단과 글의 중심 생각을 파악한다.<br>2) 글의 유형을 고려하여 대강의 내용을 간추린다.<br>3) 글에서 낱말의 의미나 생략된 내용을 짐작한다.<br>4) 글을 읽고 사실과 의견을 구별한다. |
| **문법** | 1) 낱말과 낱말의 의미 관계를 파악한다.<br>2) 기본적인 문장의 짜임을 이해하고 사용한다. |
| **문학** | 1) 시각이나 청각 등 감각적 표현에 주목하며 작품을 감상한다.<br>2) 인물(누가), 사건(무엇을, 왜, 어떻게), 배경(언제, 어디서)에 주목하며 작품을 이해한다.<br>3) 이야기의 흐름을 파악하여 이어질 내용을 상상하고 표현한다. |

'바빠 독해'는 위 성취 기준에 기반을 둔 프로그램입니다. 어린이는 소리 내어 지문을 읽는 것으로 시작해서, 중심 생각을 파악하고 세부 내용을 확인한 뒤, 내용을 정리하는 과정을 반복하여 접하게 됩니다. 특히 지문의 빈칸에 들어갈 내용을 추론해 보며 더욱 적극적으로 독해력을 기를 수 있습니다.

**3, 4학년이
직접 고른
재미있는
이야기들!**
⭐

아무리 좋은 책이라도 책꽂이에 꽂혀만 있다면 무용지물이기에 저는 '어린이들의 관심'에서 책이 출발해야 한다고 생각했습니다. 그래서 3, 4학년 교과서를 펼치고 연관 주제를 뽑아 목록을 만든 뒤, 3, 4학년 제자들에게 보여 주며 관심 가는 주제를 직접 골라 보라고 했습니다. "이것은 꼭 넣어 주세요, 저것은 절대 넣지 말아 주세요."라고 주문하던 아이들의 모습이 생생합니다.

**'문해력'도
함께 길러요!**
⭐

최근 '문해력'이 주목받고 있습니다. 문해력은 독해력에서 한 걸음 더 나아가 생각을 언어로 표현하는 능력까지 포괄하는 개념입니다. 우리는 글이라는 하나의 세계로 깊이 들어갈 때 이해도 잘하고, 자신만의 생각도 하게 됩니다. 그래서 저는 이 책에 어린이들이 자신을 대입해 볼 수 있는 친구들을 등장시켰습니다. 또래 친구인 '사랑이, 믿음이, 소망이, 엉뚱이' 그리고 귀여운 동물 친구인 '바빠독, 바쁘냥'에게 자신을 대입해 보면서 글 속으로 풍덩 빠져든다면 '문해력'도 함께 기를 수 있습니다.

**초등 교과의
배경지식은
저절로!**
⭐

이 책은 '탈무드, 교과 과학, 생활문, 교과 사회'로 구성되어 있습니다. '국어', '사회', '과학' 교과와 연계된 글감을 넣었으니, 이 책을 읽기만 해도 학교 공부에 바로 도움이 될 것입니다.

우리 아이들이 '바빠 독해' 책으로 더 즐겁게 독해력, 문해력을 키우기를 진심으로 바랍니다!

분당 영재사랑 교육연구소, 호사라 박사

같이
읽어 볼까?

◀)) 이 책은 반드시 소리 내어 읽는 것으로 시작하세요.
소리 내어 읽으면 내용을 상상하고 머릿속에서 정리 정돈하게 돼요.

## 1. 어휘력

### 낱말 뜻부터 알자!

낱말의 뜻을 생각하며 빈칸을 채워 보세요. 낱말의 뜻을 잘 모른 채 글을 읽으면 내용을 오해하게 돼요.

**1** 빈칸에 알맞은 말을 넣어 설명을 완성하세요.
어휘력

보기
놀라   도움   방

| 조언 | □□ 이 되는 말. |
| 여관 | 손님에게 돈을 받고 머무를 □을 빌려주는 집. |
| 소스라치다 | 깜짝 □□ 몸을 갑자기 떨다. |

## 2. 이해력

### 자세히 들여다보자!

'누가, 무엇을, 어떻게, 언제, 왜?' 읽은 글의 중심 내용을 떠올려 보세요.

**2** □□□ 안에 들어갈 내용으로 알맞은 것에 O표 하세요.
이해력

❶ 채소 장수는 장사꾼에게 [ 사흘 | 이틀 ] 뒤에 아주 큰 장이 열린다고 했어요.
❷ 장사꾼은 여관 [ 앞뜰 | 뒤뜰 ] 에 있는 나무 밑에 돈주머니를 묻었어요.

## 3. 추론 능력

### 빈칸의 내용을 추측해 보자!

앞뒤 흐름을 살펴보며 빈칸에 들어갈 내용을 추측해 보세요.

**3** 이야기를 생각하며 빈칸에 들어갈 내용을 고르세요. (      )
추론 능력

장사꾼은 소스라치게 놀랐어요.
돈주머니가
_____

① 눈앞에 나타난 거예요.
② 온데간데없이 사라진 거예요.

호 박사

## 이 책을 공부방이나 학원에서 지도하는 선생님께

이 책은 모두 4개 마당(32과), 각 마당마다 총 8과 + 복습 페이지로 구성되어 있습니다. 월요일 ~ 목요일은 하루에 두 과씩 풀고, 금요일은 복습 페이지를 푼 다음 마당별로 틀린 문제를 정리하게 하세요. 이 책을 4주에 완성할 수 있습니다.

## 4. 사고력

### 한 걸음 떨어져서 생각하자!

등장인물의 마음과 처지, 내용 사이의 관계를 생각해 보세요. 글을 읽은 뒤 바빠독과 바쁘냥처럼 자신의 생각을 말해 본다면 '문해력'까지 기를 수 있어요.

4 다음 그림을 보고 바르게 말한 친구는 누구인가요? (      )
사고력

① 줄기가 서로 잘 붙게 만들려고 하는구나.

② 바짝 말리려고 하는구나.

바빠독

바쁘냥

## 5. 내용 정리

### 글의 짜임새를 되새기자!

중심 내용을 떠올리며 읽은 글의 짜임새를 저장하세요! 읽은 글의 내용을 4단계로 요약할 수 있다면 독해력의 90%는 완성된 거나 마찬가지예요!

글을 읽고
4단계로 요약하는
습관을 기르면 최고!

5 줄거리입니다. 빈칸에 들어갈 말을 골라 쓰세요.
내용 정리

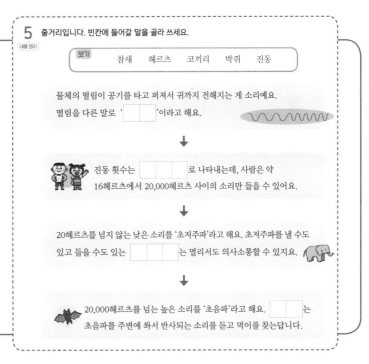

보기    참새    헤르츠    코끼리    박쥐    진동

물체의 떨림이 공기를 타고 퍼져서 귀까지 전해지는 게 소리예요. 떨림을 다른 말로 '☐☐'이라고 해요.

진동 횟수는 ☐☐☐로 나타내는데, 사람은 약 16헤르츠에서 20,000헤르츠 사이의 소리만 들을 수 있어요.

20헤르츠를 넘지 않는 낮은 소리를 '초저주파'라고 해요. 초저주파를 낼 수도 있고 들을 수도 있는 ☐☐☐는 멀리서도 의사소통할 수 있지요.

20,000헤르츠를 넘는 높은 소리를 '초음파'라고 해요. ☐☐는 초음파를 주변에 쏴서 반사되는 소리를 듣고 먹이를 찾는답니다.

## 6. 맞춤법

### 문법 실력도 기르자!

읽은 글에서 여러 가지 맞춤법과 띄어쓰기를 익혀 보세요. 글쓰기와 수행 평가에도 자신감이 생길 거예요!

6 밑줄 친 부분을 바르게 띄어 쓰세요.
맞춤법

쉼표(,)도 한 칸을 차지해요.

☆ 진흙,썩은나뭇잎 →

|  |  | , | ∨ |  |  |  |  |  |  |

☆ 실험결과를 통해 →

|  |  |  |  |  |  | 통해 |

# 바쁜 초등학생을 위한 빠른 독해 ❸ 단계

📖 초등 교과 연계

바쁜 초등학생을 위한 빠른 독해 **4**단계

4단계 차례도 살펴보세요!

📖 초등 교과 연계

# 탈무드

탈무드는 유대인의 지혜를 담은 책이에요. 노벨상 수상자 다섯 명 중 한 명이 유대인이라고 할 만큼, 세계인들이 유대인의 실력을 인정하고 있지요. 여기에는 어릴 때부터 탈무드처럼 지혜가 담긴 이야기를 읽고 대화하는 교육의 힘이 컸어요. 그러다 보니 탈무드 이야기는 우리나라뿐만 아니라 세계 여러 나라의 교과서에 자주 등장한답니다. 첫째 마당을 통해 지혜와 독해력을 기르는 여행의 첫걸음을 떼어 보세요.

공부할 내용!                                    공부한 날짜

※ 남성 중심인 옛 문화의 영향으로 탈무드의 등장인물은 남성 위주예요.
이 책에서는 현재 문화를 반영해 등장인물의 남녀 성비를 균형 있게 조절했어요.

# 다시 찾은 돈주머니 ①

다음 글을 소리 내어 읽어 보세요.

옛날 시골 마을에 장사꾼이 살고 있었어요. 어느 날 친구가 도시에서 물건을 싸게 사 와서 팔면 더 큰돈을 남길 수 있다고 조언했어요. 귀가 솔깃해진 장사꾼은 돈 백 냥을 들고 도시로 갔어요. 산 넘고 물 건너 가느라 일주일이나 걸렸지요.

도시의 시장을 찾아간 장사꾼은 물건을 어디서 사야 하나 두리번거렸어요. 그때 한 채소 장수가 말했어요.

"보아하니 이곳에 처음 온 장사꾼이구려. 사흘[1] 뒤 아주 큰 장이 열린다오. 살 물건이 있다면 그때 사시오. 지금보다 훨씬 쌀 것이오."

그리하여 장사꾼은 시장 근처 여관에 머무르기로 했어요. 그런데 문득 이런 생각이 들었어요.

'혹시 누가 내 돈주머니를 훔쳐 가면 어떡하지?'

마음이 불안해진 장사꾼의 눈에 여관 뒤뜰에 있는 나무 한 그루가 보였어요. 그는 모두가 자는 한밤중에 슬쩍 나가 나무 밑에 돈주머니를 묻었어요. 그제야 마음 놓고 잠을 푹 잘 수 있었지요.

그런데 이튿날 돈주머니를 확인하려고 땅을 파던 장사꾼은 소스라치게 놀랐어요. 돈주머니가 들어갈 내용을 추측해 보세요. . 가만 보니 담벼락에 큰 구멍이 보였어요.
↳ 3번 추론 능력 문제

'옆집 사람이 내가 땅에 돈을 묻는 걸 본 게 틀림없어. 그러나 증거도 없이 돈을 내놓으라고 할 수도 없으니 어떡하면 좋을까?'

앗, 저기 구멍이……!

1) 사흘: 세 날. 4일이 아닌 3일을 뜻해요.

# 1
어휘력

빈칸에 알맞은 말을 넣어 설명을 완성하세요.

보기

놀라    도움    방

| 조언 | ⬚⬚이 되는 말. |
| 여관 | 손님에게 돈을 받고 머무를 ⬚을 빌려주는 집. |
| 소스라치다 | 깜짝 ⬚⬚ 몸을 갑자기 떨다. |

# 2
이해력

⬚ 안에 들어갈 내용으로 알맞은 것에 O표 하세요.

❶ 채소 장수는 장사꾼에게 │ 사흘 │ 이틀 │ 뒤에 아주 큰 장이 열린다고 했어요.

❷ 장사꾼은 여관 │ 앞뜰 │ 뒤뜰 │ 에 있는 나무 밑에 돈주머니를 묻었어요.

# 3
추론 능력

이야기를 생각하며 빈칸에 들어갈 내용을 고르세요. (       )

장사꾼은 소스라치게 놀랐어요.
돈주머니가
_____ .

① 눈앞에 나타난 거예요.
② 온데간데없이 사라진 거예요.

# 4
사고력

원인과 결과를 알맞게 연결하세요.

원인

더 큰돈을 남기고 싶어서 •

누가 돈주머니를 훔쳐
갈까 봐 마음이 불안해서 •

결과

• 밤에 슬쩍 나가 나무 밑에
돈주머니를 묻었어요.

• 물건을 싸게 사려고
도시로 갔어요.

## 5 줄거리입니다. 빈칸에 들어갈 말을 골라 쓰세요.

내용 정리

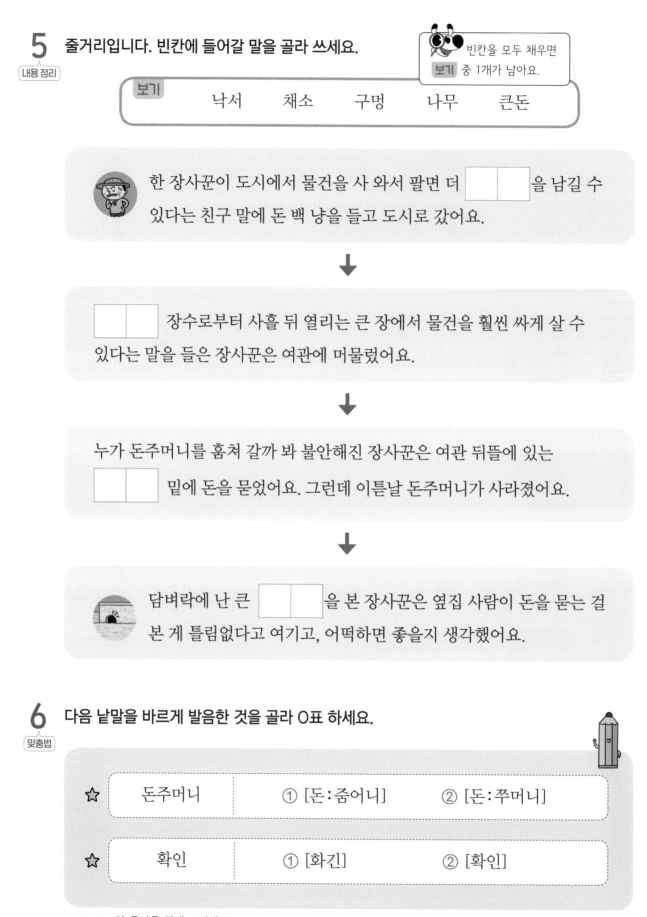

빈칸을 모두 채우면 보기 중 1개가 남아요.

보기

낙서 채소 구명 나무 큰돈

한 장사꾼이 도시에서 물건을 사 와서 팔면 더 ☐☐ 을 남길 수 있다는 친구 말에 돈 백 냥을 들고 도시로 갔어요.

↓

☐☐ 장수로부터 사흘 뒤 열리는 큰 장에서 물건을 훨씬 싸게 살 수 있다는 말을 들은 장사꾼은 여관에 머물렀어요.

↓

누가 돈주머니를 훔쳐 갈까 봐 불안해진 장사꾼은 여관 뒤뜰에 있는 ☐☐ 밑에 돈을 묻었어요. 그런데 이튿날 돈주머니가 사라졌어요.

↓

담벼락에 난 큰 ☐☐ 을 본 장사꾼은 옆집 사람이 돈을 묻는 걸 본 게 틀림없다고 여기고, 어떡하면 좋을지 생각했어요.

## 6 다음 낱말을 바르게 발음한 것을 골라 ○표 하세요.

맞춤법

| ☆ | 돈주머니 | ① [돈ː줌어니] | ② [돈ː쭈머니] |
| ☆ | 확인 | ① [화긴] | ② [확인] |

※ ː : 앞 글자를 길게 소리내요.

# 다시 찾은 돈주머니 ②

 다음 글을 소리 내어 읽어 보세요.

장사꾼이 옆집 대문을 두드리자 한 노인이 문을 빠끔히 열고 물었어요.

"에헴, 무슨 일이시오?"

"시골에서 온 장사꾼입니다요. 여관 주인한테 고민을 털어놓으니, 어르신과 의논하라고 해서 이렇게 왔습니다요."

"그래요? 어디 한번 들어 봅시다."

장사꾼은 거짓으로 고민을 지어내 말했지요.

"제가 장사 밑천으로 이백 냥을 가지고 왔습지요. 그중 백 냥은 꼭꼭 숨겼습니다. 장이 열릴 때까지 남은 백 냥을 함께 숨겨 두는 것이 안전할까요, 아니면 숨겨 둔 백 냥을 꺼내 모두 가지고 다니는 것이 안전할까요?"

"나라면, ⬛⬛⬛⬛⬛⬛⬛⬛. 그 큰돈을 들고 다니면 위험하다오."

"역시 지혜로우십니다. 어르신, 고맙습니다요."

여관으로 돌아가는 장사꾼을 보며, 옆집 노인은 더 큰 욕심을 부렸어요.

'돈주머니를 제자리에 돌려놔야겠어. 그래야 장사꾼이 나머지 백 냥도 묻어 둘 테니까. 이제 이백 냥이 공짜로 생기겠구먼!'

장사꾼의 거짓말에 속은 노인은 슬금슬금 여관 뒤뜰로 가서 땅을 파고 돈주머니를 묻어 놓았어요. 이 모습을 숨어서 몰래 지켜보던 장사꾼은 땅속에서 돈주머니를 꺼내자마자 곧장 고향으로 돌아갔어요. 그리고 두 번 다시 도시를 찾지 않았답니다.

## 1

**어휘력**

빈칸에 알맞은 말을 넣어 설명을 완성하세요.

보기

| 돈 | 눈치 | 살며시 |

| 빠끔히 | 문을 □□□ 조금만 여는 모양. |
| 밑천 | 어떤 일을 하는 데 바탕이 되는 □이나 재주. |
| 슬금슬금 | 남이 알아차리지 못하게 □□를 살피며 행동하는 모양. |

## 2

**이해력**

□ 안에 들어갈 내용으로 알맞은 것에 O표 하세요.

❶ 장사꾼은 노인에게 [ 거짓으로 : 진짜로 ] 고민을 지어내 말했어요.

❷ 장사꾼은 노인에게 [ 이백 냥 : 삼백 냥 ]을 가지고 왔다고 말했어요.

## 3

**추론능력**

이야기를 생각하며 빈칸에 들어갈 내용을 고르세요. ( )

"나라면, ▨▨▨▨▨▨▨.
그 큰돈을 들고 다니면
위험하다오."

① 숨겨 둔 백 냥을 꺼내겠소.
② 남은 백 냥도 함께 묻겠소.

## 4

**사고력**

노인이 돈주머니를 돌려놓은 이유를 바르게 설명한 친구는 누구인가요? ( )

①
빠독이

장사꾼에게
미안한 마음이
들었기 때문이야.

②
쁘냥이

더 많은 돈을
가지고 싶은 욕심이
생겼기 때문이야.

## 5 줄거리입니다. 빈칸에 들어갈 말을 골라 쓰세요.

내용 정리

> **보기**
>
> 시장    고향    위험    욕심    이백

장사꾼은 옆집 노인을 찾아가 ☐☐ 냥 중 백 냥을 숨겨 두었는데, 장이 열릴 때까지 남은 백 냥을 어떻게 하면 좋겠냐고 물었어요.

↓

노인은 장사꾼에게 돈을 모두 들고 다니는 것은 ☐☐ 하다고 말했지요.

↓

그러고는 이백 냥을 공짜로 얻으려는 ☐☐ 에 돈주머니를 원래대로 돌려놓았어요.

↓

 그 모습을 몰래 지켜본 장사꾼은 돈주머니를 꺼내자마자 ☐☐ 으로 돌아갔고, 다시는 도시를 찾지 않았답니다.

## 6 다음 낱말을 바르게 발음한 것을 골라 O표 하세요.

맞춤법

☆ | 거짓말 | ① [거ː진말] | ② [거ː짇말]

☆ | 욕심 | ① [욕심] | ② [욕씸]

※ ː : 앞 글자를 길게 소리내요.

# 목숨을 살린 친절 ①

 다음 글을 소리 내어 읽어 보세요.

어느 마을에 낚시가 취미인 농부가 살았어요. 농부는 마을 근처 호수에 작은 배를 띄워 낚시를 즐겼는데, 수심이 꽤 깊은 호수였지요.

어느 날 농부의 두 딸이 말했어요.

"아버지! 저희에게도 낚시를 가르쳐 주세요."

이렇게 해서 셋은 즐겁게 낚시를 하면서 지냈지요.

어느덧 겨울이 되어 호수가 얼기 시작하자, 농부는 호수에서 배를 끌어 올려 창고를 향해 밀고 갔어요.

"쿵!"

그때 갑자기 무언가에 부딪치는 소리가 났어요. 여기저기 살펴보니 배 밑바닥이 돌부리[1]에 걸려 작은 구멍이 뚫렸지 뭐예요.

"이런! 내년 봄에는 배를 타기 전에 꼭 이 구멍을 막아야겠어!"

하지만 농부는 긴 겨울을 지나는 동안 배에 난 구멍을             .

어느덧 시간은 흘러 꽁꽁 얼었던 호수가 녹기 시작했어요. 다시 낚시를 시작할 때가 된 거지요. 농부는 창고에 보관 중인 배를 보며 중얼거렸어요.

"많이 낡아 보이는군. 배를 말끔히 새로 칠해야겠어."

농부는 마을의 칠장이[2] 노인을 찾아가 칠을 부탁했어요. 칠을 끝낸 배는 영락없는 새것처럼 보였지요.

내년에 꼭 구멍을 막아야지!

1) 돌부리: 땅 위로 내민 돌멩이의 뾰족한 부분.
2) 칠장이: 물건이나 벽, 지붕 등에 색칠하는 것을 직업으로 하는 사람.

**1** 빈칸에 알맞은 말을 넣어 설명을 완성하세요.

어휘력

보기

| 깨끗이 | 맞다 | 깊이 |

| 수심 | 강이나 바다, 호수 따위의 물의 ☐☐. |
| 말끔히 | 먼지나 얼룩 없이 ☐☐. |
| 영락없다 | 조금도 틀리지 않고 딱 ☐☐. |

**2** ☐☐ 안에 들어갈 내용으로 알맞은 것에 O표 하세요.

이해력

❶ 농부가 낚시를 즐기던 호수의 수심은 꽤 | 깊었어요 | 얕았어요 |.

❷ 창고를 향해 밀고 가던 배의 | 앞부분에 | 밑바닥에 | 작은 구멍이 뚫렸어요.

**3** 이야기를 생각하며 빈칸에 들어갈 내용을 고르세요. ( )

추론 능력

농부는 긴 겨울을 지나는 동안
배에 난 구멍을
▭▭▭▭▭▭.

① 잊지 않으려고 노력했어요.

② 까맣게 잊고 말았어요.

**4** 다음 의견에 대한 까닭으로 알맞은 것을 고르세요. ( )

사고력

"나는 농부가 배의 밑바닥에 난
구멍을 바로 고쳤어야 한다고
생각해. 왜냐하면……."

① 두 딸이 구멍이 난 것을 모르고
그 배를 탈 수도 있기 때문이야.

② 배에 구멍이 나면 낚시를 더 즐
겁게 할 수 있기 때문이야.

**줄거리입니다. 빈칸에 들어갈 말을 골라 쓰세요.**

보기     칠장이     호수     꼬부랑     낚시     겨울

수심이 깊은 [ ] 에 배를 띄워 낚시를 즐기던 농부는
두 딸에게도 낚시를 가르쳐 주었고, 셋은 즐거운 시간을 보냈어요.

⬇

[ ] 이 되어 호수가 얼기 시작하자, 농부는 배를 끌어 올려
창고로 밀고 갔어요. 그런데 도중에 배 밑바닥에 구멍이 뚫렸어요.

⬇

농부는 내년 봄에는 배를 타기 전에 구멍을 꼭 막아야겠다고 생각했어요.
시간이 흘러 얼었던 호수가 녹아 다시 [ ] 할 때가 되었어요.

⬇

농부는 마을의 [ ] 노인에게 칠을 부탁했고, 배는 어느새
영락없는 새것처럼 보였어요.

**다음 낱말을 바르게 발음한 것을 골라 O표 하세요.**

| ☆ | 낚시 | ① [낙씨] | ② [낙시] |
|---|------|----------|----------|

| ☆ | 돌부리 | ① [돌뿌ː리] | ② [돌ː뿌리] |
|---|--------|-------------|-------------|

※ ː : 앞 글자를 길게 소리내요.

# 목숨을 살린 친절 ②

다음 글을 소리 내어 읽어 보세요.

봄이 되자 농부는 씨 뿌릴 준비로 바빴어요. 그런데 딸들이 자기들끼리 낚시를 하러 가고 싶다고 졸랐어요.

"지난번에 아버지가 낚시하시는 걸 잘 봐 두었어요."

농부는 훌쩍 자란 딸들을 흐뭇하게 바라보며 허락했어요. 한참 일을 하던 농부는 갑자기 눈앞이 캄캄해지며 아찔했어요.

"큰일 났네! 배 밑바닥에 구멍이 난 걸 깜박했어. 어쩌면 좋지?"

농부는 헐레벌떡 호숫가로 달려갔어요. 그런데 두 딸은 무사히 낚시를 마치고 아무 일 없다는 듯 호숫가에 배를 대고 있었어요. 안도의 한숨을 쉰 농부는 배 밑바닥을 이리저리 살폈어요. 신기하게도 배에 난 구멍은 꼼꼼히 메워져 있었어요.

'배를 만진 사람은 칠장이 노인뿐인데……'

농부는 칠장이 노인을 찾아가 인사했어요.

"아이고, 어르신. 칠만 부탁드렸는데 구멍까지 고쳐 주셨네요. 어르신 덕분에 제 딸들이 살았습니다. 정말 고맙습니다!"

칠장이 노인은 대수롭지 않은 듯 말했어요.

"배에 구멍이 난 것을 보았는데, 나 몰라라 할 수 없지요."

농부는 작은 친절이 ▨▨▨▨▨▨▨▨▨ 배웠어요. 그리고 평생 이웃에게 친절을 베풀며 살았다고 해요.

고맙습니다, 어르신!

**1** 빈칸에 알맞은 말을 넣어 설명을 완성하세요.

어휘력

보기

대단한    마음    정신

| 흐뭇하다 | 아주 ☐☐에 들어 하다. |
| 아찔하다 | 너무 놀라 어지럽고, ☐☐을 잃을 듯하다. |
| 대수롭지 않다 | 중요하게 여길 일이 아니다. ☐☐☐ 일이 아니다. |

**2** ☐ 안에 들어갈 내용으로 알맞은 것에 O표 하세요.

이해력

❶ 봄이 되자 농부는 [ 씨 뿌릴 준비로 ┊ 낚시를 할 마음으로 ] 바빴어요.

❷ 농부의 딸들이 탄 배의 구멍은 [ 그대로 있었어요 ┊ 꼼꼼히 메워져 있었어요 ].

**3** 이야기를 생각하며 빈칸에 들어갈 내용을 고르세요. (      )

추론 능력

농부는 작은 친절이
▬▬▬▬▬▬▬▬
깨달았어요.

① 남을 불편하게 할 수도 있음을
② 남의 목숨을 구할 수도 있음을

**4** 오른쪽 까닭에 대한 의견으로 알맞은 것을 고르세요. (      )

사고력

① 칠장이 노인은 정말 친절한
분인 것 같아.

② 칠장이 노인은 쓸데없이
남의 일에 참견하는 분인 것 같아.

왜냐하면 부탁받지 않았어도
사고가 날까 봐
구멍을 고쳐 놓았잖아.

## 5 줄거리입니다. 빈칸에 들어갈 말을 골라 쓰세요.

**내용 정리**

> **보기**
>
> 몰라라    허락    꼼꼼히    구멍    살려라

봄이 되어 바빠진 농부에게 딸들은 자기들끼리 낚시하러 가고 싶다고

졸랐고, 농부는 [　][　] 했어요.

↓

배에 난 구멍이 생각난 농부는 급히 호숫가로 달려갔는데 두 딸은

무사했고, 배 밑바닥에 난 구멍은 [　][　][　] 메워져 있었어요.

↓

농부는 칠장이 노인이 [　][　]을 고친 걸 알고, 노인을

찾아가 덕분에 딸들이 살았다며 고맙다고 인사했어요.

↓

칠장이 노인은 배에 난 구멍을 나 [　][　][　] 할 수 없었다고 말했어요.

농부는 칠장이 노인에게 배운 친절을 이웃에게 평생 베풀며 살았어요.

## 6 다음 낱말을 바르게 발음한 것을 골라 O표 하세요.

**맞춤법**

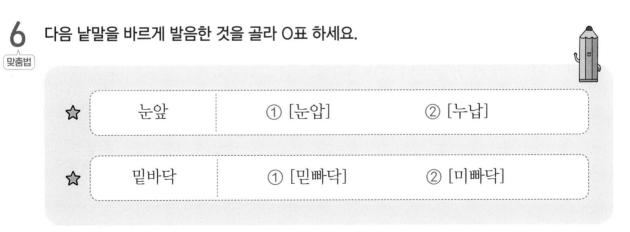

☆ 　눈앞　　　① [눈압]　　　② [누납]

☆ 　밑바닥　　　① [믿빠닥]　　　② [미빠닥]

# 세 가지 보물 ①

다음 글을 소리 내어 읽어 보세요.

옛날 한 왕국의 임금님에게 허약한[1] 외동딸이 있었어요. 어느 날 공주가 병에 걸렸는데 몇 달이 지나도 도통 낫질 않았어요. 실력이 좋다고 소문난 의사를 모두 불렀지만 아무 소용이 없었지요. 다급해진 임금님은 큰 결심을 하고 궁궐 앞에 글을 써서 붙였어요.

> 나의 사랑하는 공주가 큰 병에 걸렸도다. 공주의 병을 고쳐 주는 사람은 사위로 삼고 나라를 물려주겠노라.

궁궐에서 아주 멀리 떨어진 마을에 삼 형제가 살고 있었어요. 말을 타고 가도 한 달이나 걸리는 먼 곳이었지요. 삼 형제는 착하고 사이가 좋았어요. 이들에게는 각각 보물이 있었는데 첫째는 아주 먼 곳까지 볼 수 있는 마법 망원경을, 둘째는 어디라도 순식간에 날아갈 수 있는 마법 양탄자를, 막내는 어떤 병이라도 고칠 수 있는 마법 사과를 가지고 있었지요.

첫째는 매일 눈뜨자마자 망원경으로 세상을 구경하고 새로운 소식을 동생들에게 들려주곤 했어요. 임금님의 글을 본 첫째가 동생들에게 소리쳤어요.

"얘들아, 큰일 났어. 공주님이 큰 병에 걸리셨대!"

둘째와 막내는 어서 가서                    했어요. 셋은 마법 양탄자를 타고 순식간에 궁궐로 날아갔지요. 첫째가 궁궐을 지키는 보초들에게 자신들이 온 이유를 알렸어요. 이윽고 막내는 마법 사과를 공주에게 먹였고, 신기하게도 공주의 병이 바로 씻은 듯이 나았어요.

1) 허약하다: 힘이 없고 몸이 약하다.

**1** 빈칸에 알맞은 말을 넣어 설명을 완성하세요.

어휘력

보기

출입문    양털    남편

사위        딸의 [  ][  ] 을 부르는 말.

양탄자      [  ][  ] 로 짠 두껍고 넓은 천으로, 바닥에 까는 것.

보초        [  ][  ] 을 지키며 감시를 맡은 병사.


**2** [  ] 안에 들어갈 내용으로 알맞은 것에 O표 하세요.

이해력

❶ 임금님에게 [ 건강한 : 허약한 ] 외동딸이 있었어요.

❷ 삼 형제는 궁궐에서 아주 [ 멀리 떨어진 : 가까운 ] 마을에 살고 있었어요.


**3** 이야기를 생각하며 빈칸에 들어갈 내용을 고르세요. (        )

추론 능력

둘째와 막내는 어서 가서 ▨▨▨▨▨▨ 했어요.

① 보물 자랑을 하자고

② 공주를 살리자고


**4** 글의 순서에 맞게 번호를 쓰세요.

사고력

(        )        (        )        (        )        (        )

## 5 줄거리입니다. 빈칸에 들어갈 말을 골라 쓰세요.

**내용 정리**

막내　　왕비　　삼 형제　　외동딸　　첫째

⬜⬜⬜이 병에 걸려 낫지 않자 임금님은 공주의 병을 고치는 사람을 사위로 삼고 나라를 물려주겠다고 했어요.

⬇

궁궐에서 멀리 떨어진 마을에 ⬜⬜⬜가 살고 있었는데, 첫째는 마법 망원경을, 둘째는 마법 양탄자를, 막내는 마법 사과를 가지고 있었어요.

⬇

⬜⬜가 망원경으로 임금님의 글을 보고 소식을 알렸고, 셋은 공주를 살리러 마법 양탄자를 타고 궁궐로 날아갔어요.

⬇

⬜⬜가 공주에게 마법 사과를 먹이자, 신기하게도 공주의 병이 바로 씻은 듯이 나았어요.

## 6 다음 낱말을 바르게 발음한 것을 골라 O표 하세요.

**맞춤법**

| ☆ | 옛날 | ① [옌ː날] | ② [앤ː날] |
|---|---|---|---|
| ☆ | 결심 | ① [결심] | ② [결씸] |

※ ː : 앞 글자를 길게 소리내요.

# 세 가지 보물 ②

임금님은 공주의 목숨을 구한 삼 형제에게 큰 잔치를 베풀었어요. 연회장에서 잔치가 열리는 동안 임금님은 왕비와 신하 둘을 은밀히 불렀어요.

"약속한 대로 사윗감을 골라야 하는데, 셋 중에 누가 좋겠소?"

코가 큼직큼직한 코크니 왕비가 먼저 말했어요.

"첫째를 사위로 삼으셔야 합니다. 첫째의 망원경 덕분에 공주가 병이 난 것을 알았기 때문이지요."

수염이 덥수룩한 덥수룩 경이 고개를 저었어요.

"둘째를 사위로 삼으셔야 합니다. 둘째의 양탄자가 아니었으면 궁궐로 빨리 오지 못해 공주님을 살릴 수 없었을 것입니다."

눈을 동그랗게 뜬 부리부리 경도 의견을 말했어요.

"막내를 사위로 삼으셔야 합니다. 막내의 마법 사과 덕분에 공주님의 병이 나았기 때문입니다."

임금님은 조용히 듣고만 있다가 마침내 결정했어요.

"막내를 사윗감으로 택하겠소. 나머지 두 형제에게는 보물이 아직 남아 있지만, 막내는 이제 남은 보물이 없기 때문이오. 공주를 위해 　　　　　　　막내를 사위로 삼겠소."

공주도 마침 막내를 가장 마음에 들어 하던 참이었어요. 이렇게 해서 막내는 임금님의 사위가 되었고, 삼 형제는 이후로도 사이좋게 지냈답니다.

**1** 빈칸에 알맞은 말을 넣어 설명을 완성하세요.

어휘력

보기
모르게　장소　귀족

| 연회장 | 축하 잔치가 열리는 넓은 ☐☐. |
| 은밀히 | 아무도 ☐☐☐, 드러나지 않게. |
| 경 | ☐☐을 높여 부르던 말. |

**2** ☐ 안에 들어갈 내용으로 알맞은 것에 O표 하세요.

이해력

① 코크니 왕비는 [ 막내 | 첫째 ] 를 사위로 삼아야 한다고 했어요.

② 덥수룩 경은 둘째의 [ 망원경이 | 양탄자가 ] 아니었다면 궁궐로 빨리 오지
못했을 거라고 했어요.

**3** 이야기를 생각하며 빈칸에 들어갈 내용을 고르세요. (　　)

추론 능력

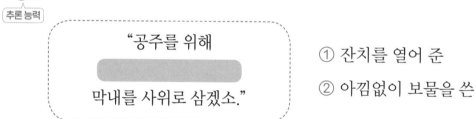

"공주를 위해 ▂▂▂▂▂ 막내를 사위로 삼겠소."

① 잔치를 열어 준

② 아낌없이 보물을 쓴

**4** 사건의 흐름을 생각하며 빈칸에 들어갈 알맞은 내용을 고르세요. (　　)

사고력

왕이 신하들을 부름. → ☐ → 왕이 막내를 사윗감으로 결정함.

① 왕이 의견을 들음.　② 왕이 고개를 저음.

28

## 5 줄거리입니다. 빈칸에 들어갈 말을 골라 쓰세요.

**내용 정리**

**보기**
신하    사위    의견    보물    잔치

임금님은 공주를 구한 삼 형제에게 큰 [　　] 를 베풀고, 왕비와 신하들을 불러 누구를 사윗감으로 삼으면 좋을지 물었어요.

↓

코크니 왕비는 첫째를, 덥수룩 경은 둘째를, 부리부리 경은 막내를 추천하였고, 나름대로 까닭을 설명하며 [　　] 을 말했어요.

↓

왕비와 신하들의 의견을 모두 들은 임금님은 자신의 [　　] 을 아낌없이 쓴 막내를 사윗감으로 결정했어요.

↓

공주도 막내가 마음에 들었어요. 이렇게 하여 막내는 임금님의 [　　] 가 되었고, 삼 형제는 이후로도 사이좋게 지냈답니다.

## 6 다음 낱말을 바르게 발음한 것을 골라 O표 하세요.

**맞춤법**

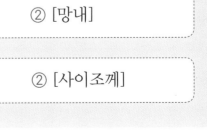

| ☆ | 막내 | ① [막래] | ② [망내] |
| ☆ | 사이좋게 | ① [사이조케] | ② [사이조께] |

다음 글을
소리 내어
읽어 보세요.

　　아주 옛날 노예가 있던 시절, 어느 마을에 남편을 여의고 홀로 아들을 키우는 부인이 살았어요. 그녀는 하나뿐인 아들을 멀리 큰 도시에 있는 학교로 보내며 말했지요.

　　"아들아, 넓은 세상을 보고 배우며 지혜로운 어른이 되어라."

　　그렇게 해서 어머니와 아들은 떨어져 살게 되었어요.

　　그러던 어느 날 부인은 자신이 큰 병에 걸린 걸 알게 되었어요. 하루 이틀 새에 몸이 많이 나빠진 그녀는 수수께끼 같은 유언장을 남겼지요.

---

내 모든 재산은 노예에게 물려준다.
내 아들은 나의 재산 중에서 딱 한 가지만 가질 수 있다.

---

　　결국 부인은 머지않아 숨을 거두었고, 유언장이 공개되었어요. 노예는 놀라기도 했지만, 기분이 좋기도 했어요. 그는 말을 타고 며칠을 달려가 주인의 아들에게 어머니가 돌아가셨다는 소식을 바로 알렸지요.

　　아들은 서둘러 고향으로 돌아와 어머니를 묻어 드렸어요. 그렇지만 어머니가 왜 그런 수수께끼 같은 유언을 하셨는지 도무지 　　　　　　　　　.

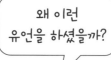
왜 이런
유언을 하셨을까?

　　"나를 사랑했던 어머니께서 도대체 왜 이런 유언을 하셨지?"

　　아들은 이 모든 상황이 도저히 믿어지지 않았어요.

**1** 빈칸에 알맞은 말을 넣어 설명을 완성하세요.

어휘력

보기: 남긴    죽어서    주인

| 노예 | ☐☐이 일을 시키고, 재산처럼 마음대로 사고팔기도 하던 사람. |
| 여의다 | 부모나 사랑하는 사람이 ☐☐ 헤어지다. |
| 유언장 | 죽기 전에 ☐☐ 말을 적은 글. |

**2** ☐ 안에 들어갈 내용으로 알맞은 것에 O표 하세요.

이해력

❶ 부인은 [ 무슨 뜻인지 분명한 | 수수께끼 같은 ] 유언장을 남겼어요.

❷ 노예는 주인의 아들에게 어머니의 죽음을 [ 바로 | 한참 후에 ] 알렸어요.

**3** 이야기를 생각하며 빈칸에 들어갈 내용을 고르세요. (      )

추론 능력

어머니가 왜 그런 수수께끼
같은 유언을 하셨는지 도무지
▒▒▒▒▒.

① 이해할 수 없었어요.
② 이해가 잘 되었어요.

**4** 연극에서 다음 대사를 할 때 어울리는 몸짓을 연결하세요.

사고력

대사

"아들아, 넓은 세상을 보고 배우며
지혜로운 어른이 되어라."

"나를 사랑했던 어머니께서
도대체 왜 이런 유언을 하셨지?"

몸짓

고개를
절레절레 흔들며

아들의
두 손을 꼭 잡으며

## 5 줄거리입니다. 빈칸에 들어갈 말을 골라 쓰세요.

> **보기**
>
> 고향      소식      시골      학교      노예

어느 마을에 홀로 아들을 키우는 부인이 살았는데, 아들이 지혜로운 어른으로 자라기를 바라면서 멀리 있는 큰 도시의 [  ][  ]로 보냈어요.

↓

갑자기 큰 병에 걸린 부인은 모든 재산을 [  ][  ]에게 물려주고, 자신의 아들은 딱 한 가지만 가질 수 있다는 유언을 남긴 채 숨을 거두었어요.

↓

유언장이 공개되자, 노예는 말을 타고 며칠을 달려가 주인의 아들에게 어머니가 돌아가셨다는 [  ][  ]을 바로 알렸지요.

↓

[  ][  ]으로 돌아와 어머니를 묻어 드린 아들은 어머니의 수수께끼 같은 유언을 이해할 수 없었어요.

## 6 다음 낱말을 바르게 발음한 것을 골라 O표 하세요.

| ☆ | 학교 | ① [학꾜] | ② [학교] |
|---|---|---|---|
| ☆ | 어른 | ① [얼ː은] | ② [어ː른] |

※ ː : 앞 글자를 길게 소리내요.

# 수수께끼 유언 ②

다음 글을
소리 내어
읽어 보세요.

  답답한 마음에 아들은 어릴 적 스승을 찾아갔어요. 이야기를 모두 들은 스승은 미소를 지으며 말했어요.

  "어머니께서 돌아가시기 직전에 어떤 고민을 하셨을지 생각해 보면 답이 나올 걸세. 만약 노예가 어머니의 죽음을 바로 알리지 않았다면, 멀리 떨어져 사는 자네는 한참 동안 몰랐겠지?"

  "네, 아마도 그랬을 거예요."

  "그런데 어머니는 노예에게 모든 재산을 물려준다고 하셨네. 그러니 노예는 최대한 빨리 자네에게 소식을 전하고 싶었을 걸세."

  "그렇다 해도 어찌 전 재산을 노예에게 물려주신단 말입니까?"

  "유언장의 마지막 말을 잘 생각해 보게."

  그제야 아들은 유언에 담긴 숨은 뜻을 깨달았어요.

  "어머니는 제가 재산 중에서 딱 한 가지만 가질 수 있다고 하셨지요. 그러면 저는 _____. 그러면 그의 재산도 결국 제 것이 될 테니까요!"

  결국, 아들은 노예와 어머니의 재산까지 고스란히 물려받았어요.

  훗날 그는 자신이 없는 동안 어머니를 잘 모신 노예에게 자유를 주고 재산도 넉넉히 나누어 주었어요. 아들은 어머니의 바람대로 지혜로운 어른이 되었다고 해요.

유언장의 마지막 말을
잘 생각해 보게.

**1** 빈칸에 알맞은 말을 넣어 설명을 완성하세요.

보기

그대로   모르고   충분히

| 깨닫다 | ☐☐ 있던 것을 어느 순간 알게 되다. |
| 고스란히 | 조금도 줄어들지 않고 ☐☐☐. |
| 넉넉히 | 모자라지 않게 ☐☐. |

**2** ☐ 안에 들어갈 내용으로 알맞은 것에 O표 하세요.

❶ 답답한 마음에 아들은 어릴 적 [ 스승을 | 친구를 ] 찾아갔어요.

❷ 훗날 아들은 어머니를 잘 모신 노예에게 [ 큰 집을 | 자유를 ] 주었어요.

**3** 이야기를 생각하며 빈칸에 들어갈 내용을 고르세요. (      )

"그러면 저는
▇▇▇▇▇▇▇▇▇▇.
그러면 그의 재산도
결국 제 것이 될 테니까요."

① 어머니 재산 중에서 말을 고르겠어요.

② 어머니 재산 중에서 노예를 고르겠어요.

**4** 연극에서 다음 대사를 할 때 어울리는 몸짓을 연결하세요.

대사

"그렇다 해도 어찌 전 재산을
노예에게 물려주신단 말입니까?"

"유언장의 마지막 말을
잘 생각해 보게."

몸짓

친절하게 웃는 모습

답답해하는 모습

## 5 줄거리입니다. 빈칸에 들어갈 말을 골라 쓰세요.

내용 정리

보기   어리석은   마지막   지혜로운   노예   스승

[    ]은 어머니가 노예에게 모든 재산을 물려준다고 했기 때문에
노예가 아들에게 소식을 빨리 전했을 거라고 말했어요.

↓

아들은 그래도 어머니가 전 재산을 노예에게 물려준 것은 도무지 이해할 수
없다고 말하자, 스승은 유언장의 [    ] 말을 잘 생각해 보라고 했어요.

↓

그제야 아들은 자신이 [    ]를 고르면 어머니의 재산을
고스란히 물려받는다는 것을 깨달았고, 결국 그렇게 했어요.

↓

훗날 아들은 노예에게 자유를 주고 재산도 넉넉히 나누어 주었어요.
아들은 어머니의 바람대로 [    ] 어른이 되었지요.

## 6 다음 낱말을 바르게 발음한 것을 골라 O표 하세요.

맞춤법

| ☆ | 만약 | ① [마ː냑] | ② [만ː약] |
|---|------|-----------|-----------|
| ☆ | 훗날 | ① [훈ː날] | ② [훋ː날] |

※ ː : 앞 글자를 길게 소리내요.

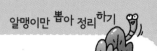

**1** 이야기 제목과 배울 점을 알맞게 연결하세요.

| | |
|---|---|
| 다시 찾은 돈주머니 | 형제끼리 사이좋게 힘을 합치면 큰일을 할 수 있다. |
| 목숨을 살린 친절 | 도둑맞은 것도 꾀를 내면 되찾을 수 있다. |
| 세 가지 보물 | 말에 담긴 숨은 뜻을 알아내면 문제가 술술 풀린다. |
| 수수께끼 유언 | 내가 베푼 작은 친절이 남의 목숨을 구할 수 있다. |

**2** 〈보기〉의 말을 낱말 판에서 찾아 묶어 보세요.

보기　　조언　　밑천　　사위　　노예　　넉넉히

| 듀 | 노 | 예 | 가 | 녀 | 벼 | 조 |
|---|---|---|---|---|---|---|
| 예 | 츄 | 쿄 | 셔 | 넉 | 튜 | 언 |
| 사 | 위 | 뤼 | 히 | 넉 | 뭐 | 뷔 |
| 츠 | 키 | 밑 | 야 | 히 | 퍼 | 후 |
| 뉴 | 도 | 천 | 페 | 겨 | 무 | 뷰 |

# 교과 과학

3학년부터 배우는 '과학'은 일상생활에서 꼭 알아야 할 과학 지식과 과학 탐구 능력을 기르는 과목이에요. 에너지, 물질, 생명, 지구 등의 여러 분야를 배우지요. 그래서 둘째 마당에는 여러분이 '과학' 과목을 공부하는 데 직접 도움이 되는 글감을 담았어요. 글감은 '과학' 단원의 순서에 맞추어 구성했으니, '과학' 과목을 예습하거나 복습하는 데에도 도움이 될 거예요. 둘째 마당을 통해 독해력도 쑥쑥 기르고 과학 지식도 차곡차곡 쌓아 보세요.

# 09 손잡이에 비밀이 있다고?

다음 글을
소리 내어
읽어 보세요.

선생님은 물질의 성질이 생활에 어떻게 이용되는지 주방에서 사용하는 물건을 골라 알아보라고 하셨어요. 아래는 사랑이의 탐구 보고서예요.

---

★ **탐구 활동**: 물질의 성질이 생활에서 어떻게 이용되는지 알아보기

★ **무엇이 필요할까요?**: 여러 가지 냄비

★ **어떻게 할까요?**: 냄비의 몸체와 손잡이를 이루는 물질이 무엇인지,
　　　　　　　　　　장점은 무엇인지 알아본다.

플라스틱
손잡이

나무
손잡이

| 물체 | 물질 | 장점 |
|------|------|------|
| 몸체 | 금속 | • 단단해서 모양이 잘 찌그러지지 않는다.<br>• 물체에 열을 가하면 　　　　　　　 음식 재료가 빨리 익는다. |
| 손잡이 | 플라스틱,<br>나무 | • 다양한 색깔과 모양으로 만들 수 있다.<br>• 열을 가해도 잘 뜨거워지지 않아서 손으로 잡았을 때 화상을 입지 않는다. |

★ **결론**: 물건을 만들 때, 물체의 기능에 맞는 물질로
　　　　만들어야 사용하기 편하다.

**1** 빈칸에 알맞은 말을 넣어 설명을 완성하세요.

보기

상처　　일　　금

금속 ┊ ▢, 쇠처럼 열이 잘 전해지며 반짝거리는 물질.

화상 ┊ 뜨거운 것에 데어서 생긴 ▢▢.

기능 ┊ 하는 구실이나 ▢.

**2** ▢ 안에 들어갈 내용으로 알맞은 것에 O표 하세요.

❶ 냄비의 │ 몸체　손잡이 │ 는 금속으로 만들면 쉽게 찌그러지지 않는다.

❷ 물체의 │ 모양　기능 │ 에 맞는 물질로 물건을 만들면 사용하기 편하다.

**3** 이야기를 생각하며 빈칸에 들어갈 내용을 고르세요. (　　　)

물체에 열을 가하면

음식 재료가 빨리 익는다.

① 빨리 차가워져서
② 빨리 뜨거워져서

**4** 다음 주전자의 손잡이를 바르게 설명한 친구는 누구인가요? (　　　)

① 물이 빨리 끓도록
금속으로
만들었을 거야.

바빠독

② 손으로 잡아도 화상을
입지 않도록 플라스틱으로
만들었을 거야.

바쁘냥

**5** 줄거리입니다. 빈칸에 들어갈 말을 골라 쓰세요.

내용 정리

보기     물질   탐구   플라스틱   몸체   알루미늄

사랑이는 여러 냄비를 골라 물질의 성질이 생활에서 어떻게 이용되는지 알아보고 □□ 보고서를 썼어요.

↓

냄비의 □□는 금속으로 만들어서 단단하고, 음식 재료가 빨리 익는다는 장점이 있어요.

↓

냄비의 손잡이는 □□□□과 나무로 만들어져서 다양한 색깔과 모양이 가능하고, 잡았을 때 화상을 입지 않아요.

↓

사랑이는 물체의 기능에 맞는 □□로 물건을 만들면 사용하기 편하다는 결론을 얻었어요.

**6** 밑줄 친 부분을 바르게 띄어 쓰세요.

맞춤법

☆ 여러가지 냄비 → □□ ∨ □□ 냄비

☆ 물건을 만들때 → 물건을 □□ ∨ □□

# 앞다리로 맛을 본다고?

다음 글을
소리 내어
읽어 보세요.

요즈음 맛있게 먹는 모습을 보여 주는 방송이 큰 인기를 끌고 있어요. 그만큼 우리에게 먹는 기쁨은 중요하지요. 그런데 만약 맛을 느낄 수가 없다면, 먹는 일은 시시해질 거예요.

우리 몸에서 맛을 느끼는 기관은 미뢰예요. 미뢰는 꽃봉오리처럼 생겼는데, 주로 혀의 윗면에 많이 분포해 있어요.

미뢰 안에는 맛을 구별하는 미세포가 모여 있지요.

그런데 신기하게도 앞다리로 맛을 느끼는 곤충이 있어요. 바로 거무튀튀한 파리예요. 음식에 앉은 파리는 두 앞다리를 모아 서로 비비는 행동을 해요. 마치 잘못했다고 비는 것처럼 보이지만 사실은 맛을 보는 것이랍니다.

**미뢰**

파리는 앞다리의 가늘고 짧은 털끝에 있는 구멍으로 맛을 느껴요. 파리의 앞다리는 우리의　　　　　　　　　인 셈이지요. 맛을 보는 모습도 정말 밉살스럽지요?

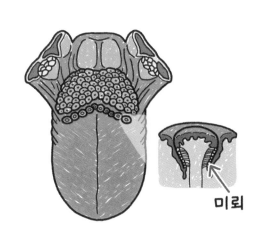

## 1 빈칸에 알맞은 말을 넣어 설명을 완성하세요.

**어휘력**

보기

검다    퍼져    하는

| 기관 | 모양과 [ ][ ] 일이 정해진 동식물의 한 부분. |
| 분포 | 일정한 자리에 흩어져 [ ][ ] 있음. |
| 거무튀튀하다 | 지저분하면서 빛깔이 [ ][ ]. |

## 2 [ ] 안에 들어갈 내용으로 알맞은 것에 O표 하세요.

**이해력**

① 우리 몸에서 [ 맛을 | 냄새를 ] 느끼는 기관은 미뢰예요.

② 파리는 [ 날개 | 앞다리 ] 의 가늘고 짧은 털끝에 있는 구멍으로 맛을 느껴요.

## 3 이야기를 생각하며 빈칸에 들어갈 내용을 고르세요. ( )

**추론 능력**

파리의 앞다리는 우리의
[          ]인
셈이지요.

① 혓바닥
② 발바닥

## 4 파리의 모습을 보고 바르게 말한 친구는 누구인가요? ( )

**사고력**

① 잘못했다고
빌고 있구나.

바빠독

② 주스를 맛보고
있구나.

바쁘냥

42

**5** 줄거리입니다. 빈칸에 들어갈 말을 골라 쓰세요.

내용 정리

> **보기**    구멍   맛   기쁨   코털   미세포

맛있게 먹는 모습을 보여 주는 방송이 인기를 끌 만큼 먹는 ☐☐ 은
중요하지만, 만약 맛을 느낄 수가 없다면 먹는 일이 시시해질 거예요.

↓

우리 몸에서 맛을 느끼는 기관은 ☐☐☐ 가 모여 있는 미뢰인데
주로 혀의 윗면에 분포해 있어요.

↓

음식에 붙어서 앞다리를 비비는 파리는 신기하게도 앞다리로
☐ 을 느껴요.

↓

앞다리의 가늘고 짧은 털끝에 있는 ☐☐ 으로 맛을 보는 거예요.
맛을 보는 모습도 밉살스럽지요?

**6** 밑줄 친 부분을 바르게 띄어 쓰세요.

맞춤법

'수'는 앞말에 기대어 쓰는 의존 명사로, 앞말과 띄어 써요. '털끝'은 하나의 낱말이에요.

☆ 느낄수가없다면 → ☐☐☐☐☐☐☐☐☐☐☐

☆ 짧은털끝에있는 → ☐☐☐☐☐☐☐☐ 있는

43

# 자석은 쪼개도 자석이 된다고?

다음 글을 소리 내어 읽어 보세요.

자석의 극

철가루

철가루 가득한 상자에 막대자석을 넣었다가 천천히 들어 올리면, 양쪽 끝에 철가루가 시커멓게 들러붙어 있어요. 이 양쪽 끝을 '자석의 극'이라고 해요. '극(極, 다할 극)'은 한자로 '끝'이라는 뜻이지요.

물을 담은 수조에 플라스틱 접시를 띄우고 막대자석을 올리면 어떻게 될까요? 빙글빙글 돌다가 서서히 멈추며 일정한 방향을 가리킬 거예요. 이때 막대자석이 북쪽을 가리키는 부분을 N극, 남쪽을 가리키는 부분을 S극이라고 불러요[1].

그런데 막대자석 한가운데를 자르면 어떻게 될까요? 각 조각은 다시 N극과 S극을 갖는 완전한 자석이 된답니다. 두 조각을 쪼개어서 네 조각을 내도 완전한 자석이 되지요.

북
서 동
남

나를 물에 띄우면 N극은 북쪽을 가리켜!

북극곰

나를 물에 띄우면 S극은 남쪽을 가리키지!

남극 탐험대

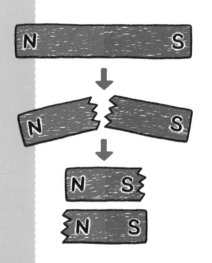

자석을 계속 잘게 쪼개면 결국 자석의 성질을 가진 원자들이 남아요. 막대자석은 이런 원자들이 ▢▢▢▢ 된 것이지요. 그러니까 쪼개진 조각도 자석의 성질을 유지하는 거예요.

1) N은 '북쪽'을 뜻하는 'north'의 첫 글자에서, S는 '남쪽'을 뜻하는 'south'의 첫 글자에서 따왔어요. 보통 N극은 빨간색, S극은 파란색으로 표시해요.

**1** 빈칸에 알맞은 말을 넣어 설명을 완성하세요.

가지고   알갱이   하나로

일정하다 ┊ 어느 [  ][  ] 정해져 있다.

원자 ┊ 물질을 이루는 더 이상 쪼갤 수 없는 [  ][  ].

유지하다 ┊ 변하지 않고 그대로 [  ][  ] 있다.

**2** [    ] 안에 들어갈 내용으로 알맞은 것에 O표 하세요.

❶ 철가루가 시커멓게 들러붙는 [ 양쪽 끝을 ┊ 가운데를 ] '자석의 극'이라고 해요.

❷ 막대자석에서 [ 북쪽 ┊ 남쪽 ] 을 가리키는 부분을 S극이라고 불러요.

**3** 이야기를 생각하며 빈칸에 들어갈 내용을 고르세요. (      )

막대자석은 이런 원자들이 ▨▨▨▨▨▨ 된 것이지요.

① 모여서
② 흩어져서

**4** 부러진 막대자석을 보고 바르게 말한 친구는 누구인가요? (      )

N    S
↓

① 다섯 조각 모두 자석이 아닐 거야.
바빠독

② 다섯 조각 모두 완전한 자석일 거야.
바쁘냥

45

## 5 줄거리입니다. 빈칸에 들어갈 말을 골라 쓰세요.

> **보기**  부족한   원자   철가루   완전한   북쪽

막대자석에서 [ ][ ]가 시커멓게 들러붙는 양쪽 끝을 '자석의 극'이라고 해요.

자석의 극

철가루

↓

플라스틱 접시 위에 얹어 물에 띄운 막대자석은 일정한 방향을 가리키는데, [ ][ ]을 가리키는 부분을 N극, 남쪽을 가리키는 부분을 S극이라고 불러요.

↓

막대자석 한가운데를 자르면 각 조각은 다시 N극과 S극을 띠는 [ ][ ][ ] 자석이 되고, 네 조각을 내도 마찬가지예요.

↓

막대자석은 자석의 성질을 가진 [ ][ ]들이 모여서 된 것이니, 쪼개진 조각도 자석의 성질을 유지하는 거예요.

## 6 밑줄 친 부분을 바르게 띄어 쓰세요.

☆ 북쪽을 <u>가리키는부분</u> → 북쪽을 [ ][ ][ ][ ][ ][ ][ ][ ]

☆ 모여서 <u>된것</u> → 모여서 [ ][ ][ ]

교과 과학

# 여자만과 곰소만이라고?

다음 글을 소리 내어 읽어 보세요.

바다의 이름은 크기에 따라 끝 글자가 달라요. 가장 큰 바다에는 한자인 '양(洋, 바다 양)'을 붙여요. 지구에 '양' 자가 붙은 바다는 태평양, 인도양, 대서양, 북빙양, 남빙양 다섯 개뿐이에요.[1]

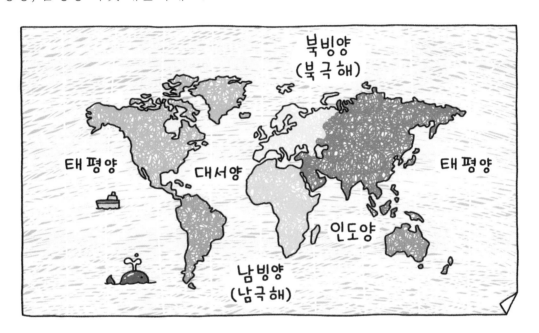

이보다 조금 작은 바다 이름에는 '해(海, 바다 해)'를 붙여요. 우리나라를 에워싼 바다는 서해, 남해, 동해가 있지요.

육지 깊숙이 들어와 있는 더 작은 바다의 이름에는 '만(灣, 물굽이 만)'을 붙여요. '만'이 붙은 바다 중에 재미있는 이름을 소개할게요. 바로 '여자만'과 '곰소만'이에요.

여자만은 '여자도'라는 주변의 섬에서 따온 이름이지요. '곰소만[2]'은 '소금'을 뒤집어 부른 말인

'곰소'에서 왔어요. 또한 근처에 곰처럼 생긴 섬이 있어서 붙은 이름이라는 말도 있어요. 이제 　　　　　　　　　　　크기를 예상할 수 있겠지요?

---

1) 태평양, 대서양, 인도양보다 작다는 뜻에서 북빙양은 '북극해'라고도 부르고, 남빙양은 '남극해'라고도 불러요.
2) 곰소만은 '줄포만'이라는 다른 이름도 있어요.

**1** 빈칸에 알맞은 말을 넣어 설명을 완성하세요.

어휘력

보기

| 미리 | 멀게 | 둘러싸다 |

| 에워싸다 | 둘레를 빙 □□□□. |
| 깊숙이 | 쑥 들어와 있어서 겉에서 속까지의 거리가 □□. |
| 예상하다 | □□ 생각해 두다. |

**2** □ 안에 들어갈 내용으로 알맞은 것에 O표 하세요.

이해력

❶ 지구에 '양' 자가 붙은 바다는 [ 수십 개가 넘어요 | 다섯 개뿐이에요 ].

❷ 우리나라를 에워싼 바다는 서해, 남해, [ 동해 | 북해 ] 가 있지요.

**3** 이야기를 생각하며 빈칸에 들어갈 내용을 고르세요. (      )

추론 능력

이제 ▒▒▒▒▒
크기를 예상할 수 있겠지요?

① 바다 이름의 끝 글자만 봐도
② 바다 이름의 첫 글자만 봐도

**4** 다음 세 바다 중 크기가 큰 순서대로 번호를 쓰세요.

사고력

(      )          (      )          (      )

## 5 줄거리입니다. 빈칸에 들어갈 말을 골라 쓰세요.

**내용 정리**

**보기**

밤    섬    양    해    만

바다의 이름은 크기에 따라 끝 글자가 다른데, 가장 큰 바다에는 '⬚'을
붙여요. 지구에는 태평양, 인도양, 대서양, 북빙양, 남빙양 다섯 개가 있어요.

'양'이 붙은 바다보다 조금 작은 바다 이름에는 우리나라의
서해, 남해, 동해처럼 '⬚'를 붙이지요.

육지 깊숙이 들어와 있는 더 작은 바다의 이름에는 '⬚'을
붙여요. 재미있는 이름 중에 '여자만'과 '곰소만'이 있어요.

여자만이라는 이름은 '여자도'라는 ⬚에서 왔어요. '곰소만'은 '소금'을
뒤집어 부른 말인 '곰소' 또는 곰처럼 생긴 섬에서 왔다고 해요.

## 6 밑줄 친 부분을 바르게 띄어 쓰세요.

**맞춤법**

☆ <u>가장큰</u> 바다에는    →    | | | | |    바다에는

☆ 깊숙이 <u>들어와있는</u>    →    깊숙이    | | | | | |

# 13 말의 발가락이 하나뿐인 이유는?

현재 말은 발가락이 하나뿐이에요. 그런데 말의 조상들은 발가락이 여러 개였다고 해요. 과학자들은 말의 조상을 시대별로 비교해서 발가락이 줄어든 원인을 밝혀냈어요.

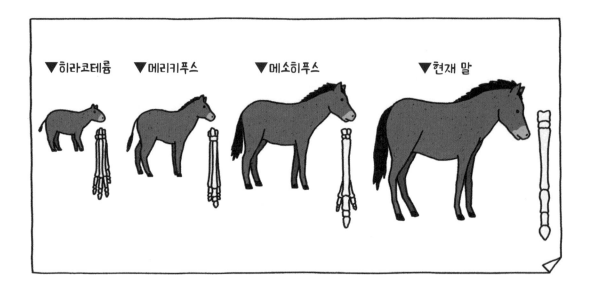

'히라코테륨'은 말의 첫 번째 조상이에요. 몸집은 개처럼 작았고, 다리뼈는 얇았어요. 발가락은 앞발에 4개, 뒷발에 3개였어요. 히라코테륨은 숲에서 살았기 때문에 몸집이 작은 것이 활동하기에 더 나았지요.

기후가 변하면서 숲이 줄어들었고, 말의 조상들은 점점 초원으로 옮겨 갔어요. 몸집은 점점 커졌고요. 그런데 초원에는 맹수들이 많았어요. 말은 자신을 보호하기 위해 빨리, 그리고 오래 달릴 수 있는 강한 다리가 필요했어요.

큰 몸집으로 잘 달리기 위해서 가운데 발가락은 점점 굵고 강해졌어요. 반면 작고 힘없는 나머지 발가락들은 커진 몸집을 견디고 잘 달리는 데 도움이 되지 않아서                              . 말은 이렇게 발가락을 줄여서 환경에 적응한 것이랍니다.

**1** 빈칸에 알맞은 말을 넣어 설명을 완성하세요.

어휘력

보기
변화함   결과   사나운

원인 | 어떤 [ 결과 ]를 만들어 낸 일이나 사건.

맹수 | 사자처럼 다른 동물을 잡아먹는 [ 사나운 ] 짐승.

적응 | 생물이 환경에 알맞게 [ 변화함 ].

**2** [    ] 안에 들어갈 내용으로 알맞은 것에 O표 하세요.

이해력

❶ 최초의 말인 '히라코테륨'의 몸집은 [ 개 │ 쥐 ] 처럼 작았어요.

❷ 큰 몸집으로 잘 달리기 위해 말의 [ 양 끝 │ 가운데 ] 발가락은 굵고 강해졌어요.

**3** 이야기를 생각하며 빈칸에 들어갈 내용을 고르세요. (     )

추론 능력

작고 힘없는 나머지 발가락들은
커진 몸집을 견디고 잘 달리는
데 도움이 되지 않아서

① 더 작아지거나 사라졌어요.
② 더 커지거나 굵어졌어요.

**4** '히라코테륨'에 대해 바르게 말한 친구는 누구인가요? (     )

사고력

① 요즘 말보다 약한 다리를 가졌을 거야.
바빠독

② 요즘 말보다 강한 다리를 가졌을 거야.
바쁜냥

## 5 줄거리입니다. 빈칸에 들어갈 말을 골라 쓰세요.

내용 정리

보기

줄여서    늘려서    하나    초원    숲

말의 조상은 발가락이 여럿이었는데, 지금은 □□로 줄어든 원인을 과학자들이 밝혀냈어요.

↓

□에서 살았던 '히라코테륨'은 몸집이 작았고, 다리뼈는 얇았으며, 발가락은 앞발에 4개, 뒷발에 3개였어요.

↓

□□으로 옮겨 간 말의 몸집은 커졌고, 맹수로부터 자신을 보호하기 위해 빨리, 그리고 오래 달릴 수 있는 강한 다리가 필요했어요.

↓

잘 달리기 위해 말의 가운데 발가락은 점점 굵고 강해졌고, 나머지 발가락들은 사라졌어요. 발가락을 □□□ 환경에 적응한 것이지요.

## 6 밑줄 친 부분을 바르게 띄어 쓰세요.

맞춤법

☆ 숲에서 살았기때문에 ➔ 숲에서 [        ]

☆ 오래 달릴수있는 ➔ 오래 [        ]

# 식물이 좋아하는 흙이 따로 있다고?

다음 글을 소리 내어 읽어 보세요.

어제 관찰한 운동장 흙과 화단 흙의 특징을 사랑이가 비교해 볼까요?

운동장 흙에는 모래가, 화단 흙에는 진흙, 썩은 나뭇잎, 죽은 벌레가 섞여 있었어요.

운동장
화단

잘했어요. 방금 전 두 흙에 물을 부었을 때 어떻게 되었지요? 소망이가 말해 보세요.

운동장 흙보다 화단 흙이 물을 더 오래 머금고 있었어요.

운동장    화단

그렇지요. 운동장 흙과 화단 흙 중에서 어느 쪽이 식물이 자라기에 적합한지, 그 까닭은 무엇인지 믿음이와 사랑이가 설명해 볼래요?

화단 흙이에요. 화단 흙에는 운동장 흙보다 부식물이 많아서 식물이 쑥쑥 자라는 데 필요한 양분을 공급받을 수 있어서예요.

저도 화단 흙이라고 생각해요. 왜냐하면 화단 흙은 운동장 흙보다                   식물이 자라는 데 필요한 물을 더 잘 공급할 수 있어서예요.

과학자는 관찰과 실험 결과를 통해 추론[1]을 해요. 오늘 보니 여러분도 훌륭한 과학자가 될 수 있을 것 같군요!

1) 추론: 이미 알려진 정보를 근거로 삼아 다른 판단을 이끌어 내는 것.

**1** 빈칸에 알맞은 말을 넣어 설명을 완성하세요.

어휘력

보기

알맞다　　주는　　썩은

| 적합하다 | 일이나 상황에 꼭 [　][　]. |
| 부식물 | 식물 뿌리, 줄기, 잎, 벌레 등이 [　][　] 것. |
| 공급 | 필요한 것을 [　][　] 일. |

**2** [　] 안에 들어갈 내용으로 알맞은 것에 O표 하세요.

이해력

❶ 운동장 흙에는 | 진흙 ┊ 모래 | 가 많이 섞여 있어요.

❷ 과학자는 관찰과 실험 결과를 통해 | 추론 ┊ 의논 | 을 해요.

**3** 이야기를 생각하며 빈칸에 들어갈 내용을 고르세요. (　　　)

추론 능력

> 왜냐하면 화단 흙은 운동장 흙보다 ▨▨▨▨ 식물이 자라는 데 필요한 물을 더 잘 공급할 수 있어서예요.

① 물을 더 빨리 내보내서
② 물을 더 오래 머금고 있어서

**4** 글을 읽고 바르게 말한 친구는 누구인가요? (　　　)

사고력

①
식물이 좋아하는 흙은 모래가 많은 흙일 거야.

바빠독

②
식물이 좋아하는 흙은 부식물이 많은 흙일 거야.

바쁘냥

## 5 줄거리입니다. 빈칸에 들어갈 말을 골라 쓰세요.

**내용 정리**

보기    비교    오래    요리사    과학자    식물

선생님께서 관찰한 흙을 [    ]해 보라고 하시자, 사랑이는 운동장 흙에는 모래가, 화단 흙에는 부식물이 많이 섞여 있다고 대답했어요.

↓

선생님은 두 흙에 물을 부으니 어떻게 되었는지 물으셨고, 소망이는 화단 흙이 운동장 흙보다 물을 더 [    ] 머금고 있었다고 말했어요.

↓

믿음이는 양분을 공급할 수 있어서, 소망이는 물을 공급할 수 있어서 화단 흙이 운동장 흙보다 [    ]이 자라기에 더 적합하다고 했지요.

↓

선생님께서는 친구들이 훌륭한 [    ]가 될 수 있을 거라고 칭찬하셨어요.

## 6 밑줄 친 부분을 바르게 띄어 쓰세요.

**맞춤법**

심표( , )도 한 칸을 차지해요.

☆ <u>진흙,썩은나뭇잎</u> →  [  |  |  |  | , | ∨ |  |  |  |  |  ]

☆ <u>실험결과를</u> 통해 →  [  |  |  |  |  |  |  | ] 통해

# 김은 기체가 아닌 액체라고?

다음 글을 소리 내어 읽어 보세요.

고체는 모양과 부피가 일정한 상태를 말해요. 액체는 모양은 변하지만 부피는 변하지 않는 상태를 말해요. 기체는 공간을 차지하며 공기 중에 둥둥 떠서 다른 곳으로 움직일 수 있는 상태를 말해요.

수증기 = 기체 →
물 = 액체

냉동실에서 꺼낸 딱딱한 얼음은 고체 상태이고, 얼음이 스르르 녹아서 된 물은 액체 상태예요. 물에 열을 가하면 맨눈으로 볼 수 없을 만큼 작은 알갱이가 되어 공기 중으로 흩어져요. 이것을 수증기라고 하는데, 수증기는 기체 상태이지요.

난 수증기! 눈에 보이지 않아.

난 김! 눈에 잘 보이지?

그러면 물이 끓는 주전자 주둥이에서 뿌옇게 뿜어 나오는 김은 무슨 상태일까요? 기체라고 생각하는 사람들이 많은데, 이는 틀린 생각이에요.

끓은 물이 수증기가 되어 주전자 주둥이 밖으로 나오다가 그중 일부가 순간적으로 식어요. 그러면 하얗게 〔　　　　　〕 물방울이 되는데, 이것이 '김'이지요. 즉, 김은 액체 상태랍니다.

**1** 빈칸에 알맞은 말을 넣어 설명을 완성하세요.

어휘력

보기

공간     안개     짧은

| 부피 | 물질이 차지하는 [ ][ ]의 크기. |
| --- | --- |
| 뿌옇다 | 연기나 [ ][ ]가 낀 것처럼 하얗다. |
| 순간 | 아주 [ ][ ] 시간 동안. |

**2** [ ] 안에 들어갈 내용으로 알맞은 것에 O표 하세요.

이해력

❶ 액체는 모양은 변하지만 ⌜ 색깔은 │ 부피는 ⌟ 변하지 않는 상태를 말해요.

❷ 냉동실에서 꺼낸 딱딱한 얼음은 ⌜ 고체 │ 기체 ⌟ 상태예요.

**3** 이야기를 생각하며 빈칸에 들어갈 내용을 고르세요. (      )

추론 능력

그러면 하얗게

▅▅▅▅▅▅▅▅

물방울이 되는데,
이것이 '김'이지요.

① 맨눈으로 볼 수 있을 정도의
② 맨눈으로 볼 수 없을 정도의

**4** 라면 그릇을 보고 바르게 말한 친구는 누구인가요? (      )

사고력

①
하얗게 보이는 게
바로 수증기로, 기체야.

바빠독

②
저건 김이고, 맨눈으로
볼 수 있으니까 액체야.

바쁘냥

## 5 줄거리입니다. 빈칸에 들어갈 말을 골라 쓰세요.

내용 정리

> 보기
>
> 백설기    수증기    김    공간    물방울

고체는 모양과 부피가 일정한 상태, 액체는 모양은 변하지만 부피는 변하지 않는 상태, 기체는 [  ] 을 차지하며 움직일 수 있는 상태를 말해요.

↓

얼음은 고체 상태이고, 물은 액체 상태이고, 물에 열을 가해서 맨눈으로 볼 수 없을 만큼 작은 알갱이가 된 [  ] 는 기체 상태이지요.

↓

물이 끓는 주전자 주둥이에서 뿌옇게 뿜어 나오는 [  ] 을 기체라고 하는 건 틀린 생각이에요.

↓

물이 수증기가 되어 주전자 주둥이 밖으로 나오다가 순간적으로 식으면 하얀 [  ] 이 되는데, 이것이 '김'이고 액체 상태랍니다.

## 6 밑줄 친 부분을 바르게 띄어 쓰세요.

맞춤법

'수'는 앞말과 띄어 써야 해요.
'그중'은 하나의 낱말이에요.

☆ <u>움직일수있는</u> 상태 → [                    ] 상태

☆ <u>그중일부가</u> → [              ]

# 16 들을 수 없는 소리가 있다고?

다음 글을
소리 내어
읽어 보세요.

　물체의 떨림이 공기를 타고 퍼져서 귀까지 전해지는 게 소리예요. 물체가 빨리 떨리면 높은 소리가 나고, ＿＿＿＿＿＿＿＿ 낮은 소리가 나지요. 떨림을 다른 말로 '진동'이라고 해요.

　진동 횟수를 나타내는 단위는 헤르츠[1]예요. 만약 1초간 10번 떨리면 10헤르츠라고 하며, 수가 클수록 높은 소리예요. 사람은 약 20헤르츠에서 20,000헤르츠 사이의 소리만 들을 수 있어요.

　20헤르츠를 넘지 않는 낮은 소리는 '초저주파'라고 하는데 이 소리는 아주 멀리까지도 전해져요. 코끼리는 이 소리를 낼 수도 있고, 들을 수도 있다고 해요. 그래서 아주 멀리 떨어져 있어도 의사소통할 수 있지요.

　20,000헤르츠가 넘는 높은 소리는 '초음파'라고 해요. 캄캄한 동굴에 사는 박쥐는 먹이를 찾을 때 먼저 주변에 초음파를 쏴요. 그런 후 먹이에 반사되는 초음파를 듣고 먹이의 위치를 찾는답니다.

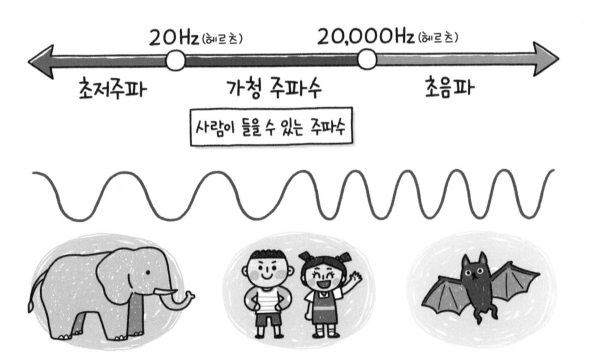

20Hz(헤르츠)　　　20,000Hz(헤르츠)

초저주파　　가청 주파수　　초음파

사람이 들을 수 있는 주파수

※ 가청 주파수의 범위는 '한국물리학회'의 기준을 따랐습니다.

1) 전자기파를 최초로 증명한 독일의 물리학자 헤르츠의 이름에서 따왔어요. 헤르츠는 소리의 높낮이를, 데시벨은 소리의 크기를 나타내는 단위예요.

**1** 빈칸에 알맞은 말을 넣어 설명을 완성하세요.

[어휘력]

반대    통합    기준

| 단위 | 키, 무게, 소리 따위를 계산하는 ☐☐. |
| 의사소통 | 가지고 있는 생각이나 뜻이 서로 ☐☐. |
| 반사 | 한 방향으로 나아가다가 물체에 부딪쳐 ☐☐로 방향을 바꾸는 것. |

**2** ☐ 안에 들어갈 내용으로 알맞은 것에 O표 하세요.

[이해력]

❶ 사람은 20,000헤르츠가 넘는 초음파를 들을 수 │ 없어요 │ 있어요 │.

❷ 코끼리는 아주 │ 멀리 떨어져 있어도 │ 가까이에 있어야만 │ 의사소통할 수 있어요.

**3** 이야기를 생각하며 빈칸에 들어갈 내용을 고르세요. (      )

[추론 능력]

물체가 빨리 떨리면
높은 소리가 나고,

낮은 소리가 나지요.

① 느리게 떨리면
② 멈춰 있으면

**4** 자신을 제대로 소개한 동물은 누구일까요? (      )

[사고력]

①
나는 사람이 들을 수 없는 아주 낮은 소리를 들을 수 있어요.

②
나는 사람이 들을 수 없는 아주 낮은 소리를 들을 수 있어요.

**5** 줄거리입니다. 빈칸에 들어갈 말을 골라 쓰세요.

내용 정리

> **보기**
>
> 참새　　헤르츠　　코끼리　　박쥐　　진동

물체의 떨림이 공기를 타고 퍼져서 귀까지 전해지는 게 소리예요.

떨림을 다른 말로 '[　　]'이라고 해요.

↓

진동 횟수는 [　　　]로 나타내는데, 사람은 약
20헤르츠에서 20,000헤르츠 사이의 소리만 들을 수 있어요.

↓

20헤르츠를 넘지 않는 낮은 소리를 '초저주파'라고 해요. 초저주파를 낼 수도
있고 들을 수도 있는 [　　]는 멀리서도 의사소통할 수 있지요.

↓

20,000헤르츠를 넘는 높은 소리를 '초음파'라고 해요. [　　]는
초음파를 주변에 쏴서 반사되는 소리를 듣고 먹이를 찾는답니다.

---

**6** 밑줄 친 부분을 바르게 띄어 쓰세요.

맞춤법

> '것이'를 줄인 '게'와, '때'는
> 앞말과 띄어 써야 해요.

☆ 귀까지 전해지는게 → 귀까지 [　　　　　　　]

☆ 먹이를찾을때 → [　　　　　　　　　]

 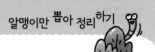

**1** 이야기의 내용과 어울리는 문장끼리 알맞게 연결하세요.

| | |
|---|---|
| 파리는 앞다리로 | 바다 크기를 예상할 수 있어요. |
| 막대자석을 두 조각내도 | 기체가 아니라 액체예요. |
| 물이 끓을 때 생기는 하얀 김은 | 맛을 보아요. |
| 바다 이름 끝 글자로 | 각 조각은 N극과 S극을 갖는 완전한 자석이 돼요. |

**2** 〈보기〉의 말을 낱말 판에서 찾아 묶어 보세요.

보기   금속   기관   원자   원인   공급

| 가 | 녀 | 듀 | 기 | 머 | 벼 | 슈 |
|---|---|---|---|---|---|---|
| 야 | 재 | 츠 | 관 | 티 | 원 | 인 |
| 페 | 공 | 뉴 | 도 | 료 | 무 | 뷰 |
| 셔 | 급 | 제 | 츄 | 원 | 자 | 퓨 |
| 히 | 궤 | 금 | 속 | 뤼 | 뭐 | 뷔 |

# 셋째 마당

# 생활문

'국어' 교과서에는 이야기나 설명글 외에도 여러 가지 형식의 글이 담겨 있어요. 그래서 셋째 마당에는 '국어' 과목을 공부하는 데 직접 도움이 되는 글감을 담았어요. '알리는 글, 일기, 편지, 만화, 신문 기사' 등 여러분이 생활하면서 만나는 글들이기도 하지요. 글감은 '국어' 단원의 순서에 맞추어 구성했으니, '국어' 과목을 예습하거나 복습하는 데에도 도움이 될 거예요. 셋째 마당을 통해 독해 실력을 한 단계 더 높여 보세요.

# 라면, 잘 먹겠습니다

다음 글을 소리 내어 읽어 보세요.

엄마 출근한다. 오늘은 저녁 근무야. 할머니께서 곧 오실 테니 '바빠 맞춤법' 책 풀고 있으렴.

네, 안녕히 갔다 오세요.

"안녕히 다녀오세요."라고 공손하게 말해야지.

아, 맞다! 안녕히 다녀오세요.

엉뚱아! 할머니 왔다.

할머니! 라면 끓여 줘.

"라면 끓여 주세요." 라고 높임말을 해야지. 반말은 또래에게 하는 거야.

내일 준비물은 없니?

선생님께서 물감을 모셔 오라고 했어요.

" _____ ." 라고 해야지. 물건에는 높임 표현을 사용하지 않는단다. 높임 표현은 사람에게만 쓰는 거야.

아하, 그렇구나! 라면, 잘 잡수시겠습니다!

아이고, 갈 길이 멀구나!

**1** 빈칸에 알맞은 말을 넣어 설명을 완성하세요.

보기

| 예의 | 나이 | 직장 |

근무 | ☐☐에서 맡은 일을 함.

공손하다 | 말과 행동이 겸손하고 ☐☐ 바르다.

또래 | ☐☐가 비슷한 무리.

**2** ☐ 안에 들어갈 내용으로 알맞은 것에 O표 하세요.

❶ [ 반말 : 높임말 ]은 또래한테 하는 거예요.

❷ [ 사람 : 물건 ]에는 높임 표현을 사용하지 않아요.

**3** 이야기를 생각하며 빈칸에 들어갈 내용을 고르세요. (      )

" ▬▬▬▬▬▬▬▬. "
라고 해야지.

① 물감을 가져오라고 하셨어요.
② 물감을 데려오라고 했어요.

**4** 아래 말은 어떻게 바꿔야 예절에 맞을까요? (      )

"라면, 잘
잡수시겠습니다."

① 라면, 잘 잡겠습니다.
② 라면, 잘 먹겠습니다.

## 5 줄거리입니다. 빈칸에 들어갈 말을 골라 쓰세요.

**내용 정리**

> **보기**
>
> 라면    국수    출근    사람    높임말

엉뚱이가 [    ] 하는 엄마에게 "안녕히 갔다 오세요."라고 말하자
엄마는 "안녕히 다녀오세요."라고 공손하게 말해야 한다고 하셨어요.

↓

할머니가 오시자 엉뚱이는 "라면 끓여 줘."라고 말했고, 할머니는
"라면 끓여 주세요."라고 [    ] 을 해야 한다고 알려 주셨어요.

↓

엉뚱이가 선생님께서 물감을 모셔 오라고 했다고 말하자, 할머니는
높임 표현은 물건이 아니라 [    ] 에게만 한다고 하셨어요.

↓

엉뚱이는 알겠다며 "[    ], 잘 잡수시겠습니다."라고 했고,
할머니는 갈 길이 멀다며 한숨을 쉬셨어요.

## 6 빈칸에 들어갈 말을 골라 쓰세요.

**맞춤법**

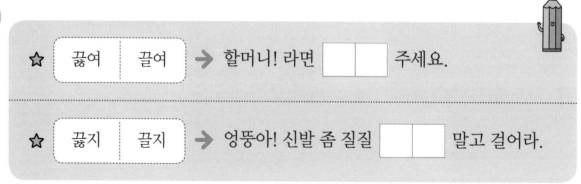

☆ [ 끓여 | 끌여 ] → 할머니! 라면 [    ] 주세요.

☆ [ 끓지 | 끌지 ] → 엉뚱아! 신발 좀 질질 [    ] 말고 걸어라.

※ 끓다: 액체가 뜨거워져 소리를 내며 거품이 솟아오르다.
※ 끌다: 물건이 바닥에 닿은 채로 잡아당기다.

# 내가 사과할게

사랑이는 국어 시간에 편지의 형식에 대해 배웠어요. 편지는 받을 사람, 첫인사, 전하고 싶은 말, 끝인사, 쓴 날짜, 쓴 사람을 갖춰 써야 하지요. 선생님은 편지지를 나누어 주시면서 ▨▨▨▨▨▨▨▨▨▨ 편지를 써 보자고 하셨어요. 사랑이는 짝꿍 소망이에게 편지를 썼어요.

소망이에게

안녕? 나 사랑이야.

어제 운동장에서 달리기하다가 넘어진 너를

일으켜 주지 않아서 미안해.

다른 친구들이 웃어서 속상했지?

네가 절뚝거리는 걸 보니 마음이 아프다.

내가 진심으로 사과할게. 그럼, 안녕!

20△△년 △월 △일

너의 짝 사랑이

사랑이가 소망이에게 편지를 주자, 소망이도 사랑이에게 편지를 건넸어요.

사랑이에게

잘 지냈니? 나 소망이야.

내가 넘어졌을 때 네가 보고만 있어서 많이 섭섭했어.

그런데 보건실에서 돌아왔을 때,

네가 의자를 빼 주어서 마음이 풀렸어.

우리 앞으로도 친하게 지내자.

안녕!

20△△년 △월 △일

너의 짝 소망이

**1** 빈칸에 알맞은 말을 넣어 설명을 완성하세요.

어휘력

보기
서운하다  틀  있어야

| 형식 | 어떤 것의 ☐ , 있어야 할 것을 모두 넣은 모양. |
| 갖추다 | ☐☐☐ 할 것을 넣다, 차리다. |
| 섭섭하다 | 마음이 불편하고 ☐☐☐☐ . |

**2** ☐ 안에 들어갈 내용으로 알맞은 것에 O표 하세요.

이해력

❶ 일기 │ 편지 는 받을 사람, 첫인사, 전하고 싶은 말, 끝인사, 쓴 날짜,
쓴 사람을 갖춰 써야 해요.

❷ 소망이는 보건실에서 │ 운동장에서 돌아왔을 때 사랑이가 의자를 빼 줘서
마음이 풀렸어요.

**3** 이야기를 생각하며 빈칸에 들어갈 내용을 고르세요. (    )

추론 능력

선생님은 편지지를 나누어 주시면서
▨▨▨▨▨▨▨▨▨▨▨▨
편지를 써 보자고 하셨어요.

① 마음을 전하고 싶은 사람에게
② 다시는 말 걸고 싶지 않은 사람에게

**4** 소망이의 편지를 보고 바르게 말한 친구는 누구인가요? (    )

사고력

① 편지의 형식을
잘 갖춰서 썼네.
빠독이

② 끝인사와
쓴 사람을 빠뜨렸네.
쁘냥이

68

## 5 줄거리입니다. 빈칸에 들어갈 말을 골라 쓰세요.

**내용 정리**

> **보기**
> 의자　　첫인사　　가시　　사과　　편지지

사랑이는 국어 시간에 편지는 받을 사람, ☐☐, 전하고 싶은 말, 끝인사, 쓴 날짜, 쓴 사람을 갖춰 써야 한다는 걸 배웠어요.

↓

선생님은 ☐☐를 나누어 주시면서 편지를 써 보자고 하셨고, 사랑이는 소망이에게, 소망이는 사랑이에게 편지를 썼지요.

↓

사랑이는 운동장에서 달리기를 하다가 넘어진 짝꿍 소망이를 일으켜 주지 않아서 미안하다며 진심으로 ☐☐하는 편지를 썼어요.

↓

소망이는 보건실에서 돌아왔을 때 ☐☐를 빼 줘서 마음이 풀렸다며 앞으로도 친하게 지내자고 썼어요.

## 6 빈칸에 들어갈 말을 골라 쓰세요.

**맞춤법**

☆ | 건넜어요 | 건넸어요 | → 소망이도 사랑이에게 편지를 ☐☐☐☐.

☆ | 건넜어요 | 건넸어요 | → 엉뚱이는 징검다리를 ☐☐☐☐.

※ 건네다: 남에게 무엇을 넘겨 주다.
※ 건너다: 넘거나 지나서 맞은편으로 가거나 오다.

생활문─메모

# 황금의 나라

선생님께서 황금의 나라, 신라에 대해 설명해 주셨어요. 친구들은 귀를 쫑긋하며 메모[1]했어요.

선생님
신라는 외국 사람들이 '황금의 나라'라고 부를 정도로 황금 문화가 발달했어요. 왕족의 무덤에서 금목걸이, 금관 등 금으로 만든 유물들이 많이 발견되었지요. 그런데 왕은 금관을 평소에 썼을까요?

무거워 보이지요? 역사학자들은 금관을 죽은 왕의 얼굴을 덮을 때 사용했을 거라고 추측하고 있어요.

소망이
- 신라는 외국 사람들이 '황금의 나라'라고 부를 정도로 황금 문화가 발달했다.
- 왕족의 무덤에서 금목걸이, 금관 등 금으로 만든 유물들이 많이 발견되었다.

민음이
- 금목걸이, 금관
- 외국
- 역사학자

사랑이
- 신라는 황금 문화가 발달함.
- 신라 왕족 무덤에서 금으로 만든 유물이 발견됨.
- 금관은 죽은 왕의 얼굴을 덮을 때 사용했을 것임.

1) 메모: 다른 사람에게 말을 전하거나 자신의 기억을 돕기 위하여 짤막하게 글로 남긴 글.

**1** 빈칸에 알맞은 말을 넣어 설명을 완성하세요.

보기

사회    남긴    귀

쫑긋하다 | 잘 들으려고 ☐ 를 뾰족이 내밀다.

유물 | 조상들이 ☐☐ 물건.

역사학자 | 시간이 흐르면서 ☐☐ 가 어떻게 변화했는지
연구하고 기록하는 학자.

**2** ☐ 안에 들어갈 내용으로 알맞은 것에 O표 하세요.

❶ 신라는 [ 황금 ┊ 외국 ] 문화가 발달했어요.

❷ 신라 왕족의 [ 집터 ┊ 무덤 ] 에서 금으로 만든 유물들이 많이 발견되었어요.

**3** 이야기를 생각하며 빈칸에 들어갈 내용을 고르세요. ( )

☐☐☐☐☐☐☐
무거워 보이지요?

① 죽은 왕의 얼굴을 덮기에는

② 평소에 쓰기에는

**4** 사랑이의 메모를 보고 바르게 말한 친구는 누구인가요? ( )

①
선생님의 설명과
순서가 맞지 않네.

빠독이

②
중요한 내용만
잘 간추려 적었네.

쁘냥이

## 5 줄거리입니다. 빈칸에 들어갈 말을 골라 쓰세요.

**내용 정리**

**보기**   헷갈리게   간추려서   금목걸이   신라   금관

선생님께서 신라는 황금 문화가 발달했으며, 유물로 발견된 □□은 죽은 왕의 얼굴을 덮을 때 썼을 것이라고 설명했어요.

⬇

소망이는 외국 사람들이 □□를 뭐라고 불렀는지, 유물로 무엇이 발견되었는지를 설명하는 처음 두 문장을 거의 그대로 받아 적었어요.

⬇

믿음이는 □□□, 금관, 외국, 역사학자 이렇게 네 개의 낱말만 메모했어요.

⬇

사랑이는 중요한 내용을 세 부분으로 □□□□ 메모했어요.

## 6 빈칸에 들어갈 말을 골라 쓰세요.

**맞춤법**

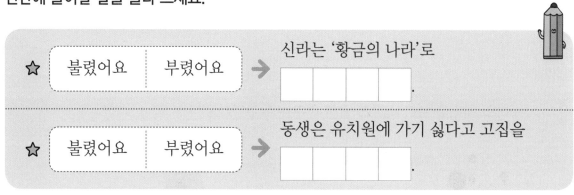

☆  | 불렀어요 | 부렸어요 | → 신라는 '황금의 나라'로 □□□□.

☆  | 불렀어요 | 부렸어요 | → 동생은 유치원에 가기 싫다고 고집을 □□□.

※ 부르다 : 무엇이라고 가리켜 말하다.
※ 부리다 : 멈추지 않고 계속하다.

# 알쏭달쏭한 낱말 뜻 찾기

다음 글을 소리 내어 읽어 보세요.

사랑이는 학교 게시판에 알리는 글이 붙은 것을 보았어요.

## 어린이 한지 공예 교실 신청하세요!

| 수업 내용 | 한지 부채와 연필꽂이 만들기 |
|---|---|
| 대상 | 초등학생 (보호자 동반 필수) 선착순으로 어린이 15명 |
| 장소 | △△ 박물관 1층 |
| 날짜 | 20△△년 5월 △일 토요일, 오전 10시 ~ 오후 2시 |
| 신청 기간 | 20△△년 4월 1일 ~ 30일 |
| 비용 | 무료 |
| 신청 방법 | 전화로 신청하세요. 02) 7△△ - △△△△ |

그런데 뜻이 알쏭달쏭한 낱말이 있었어요. '동반'이라는 낱말이었지요. 사랑이는 ＿＿＿＿＿＿＿＿ 뜻을 추측했어요.

'함께 와야 한다는 뜻인가 봐.'

사랑이는 뜻을 정확하게 알고 싶어서 국어사전을 찾아봤어요.

동반[同伴]: 일을 하거나 길을 갈 때 함께 짝을 함.

사랑이는 자신이 추측한 뜻이 사전에서 찾은 뜻과 비슷한 걸 알고 뿌듯했어요. 그리고 거실에 함께 계신 부모님의 모습을 보며 엄마와 아빠는 서로의 동반자라는 생각을 했답니다.

**1** 빈칸에 알맞은 말을 넣어 설명을 완성하세요.

어휘력

보기

먼저    꼭    예쁘게

| 공예 | 생활에 필요한 물건을 ☐☐☐ 만드는 재주. |
| 필수 | ☐ 해야 함 또는 있어야 함. |
| 선착순 | ☐☐ 오는 순서. |

**2** ☐ 안에 들어갈 내용으로 알맞은 것에 O표 하세요.

이해력

❶ 공예 교실은 [ 유치원생 | 초등학생 ] 을 대상으로 해요.

❷ 사랑이는 낱말의 뜻을 정확하게 알고 싶어서 [ 그림책 | 국어사전 ] 을 찾아보았어요.

**3** 이야기를 생각하며 빈칸에 들어갈 내용을 고르세요. (    )

추론 능력

사랑이는
▇▇▇▇▇▇▇
뜻을 추측했어요.

① 그 말의 앞뒤를 보며

② 박물관에 전화를 걸어서

**4** 알리는 글의 내용을 볼 때 아래 글의 뒤에 올 말로 알맞은 것을 고르세요. (    )

사고력

꼭 참여하고
싶으면

① 4월 30일까지 기다려야 해요.

② 4월 1일에 신청하는 게 좋아요.

**5** 줄거리입니다. 빈칸에 들어갈 말을 골라 쓰세요.

내용 정리

보기   동반자   부채   추측   함께   첫사랑

사랑이는 학교 게시판에 한지 □□ 와 연필꽂이를 만드는
한지 공예 교실에 신청하라는 글을 보았어요.

↓

'동반'이라는 낱말 뜻이 알쏭달쏭했던 사랑이는 그 말의 앞뒤를 살펴보며
뜻을 □□ 해 보았어요.

↓

정확한 뜻을 알고 싶어서 사전을 찾아보니 '동반'에는 '일을 하거나
길을 갈 때 □□ 짝을 함.'이라는 뜻이 있었어요.

↓

사랑이는 자신이 추측한 뜻이 사전의 뜻과 비슷한 걸 알고 뿌듯했으며,
엄마와 아빠는 서로의 □□□ 라고 생각했답니다.

**6** 빈칸에 들어갈 말을 골라 쓰세요.

맞춤법

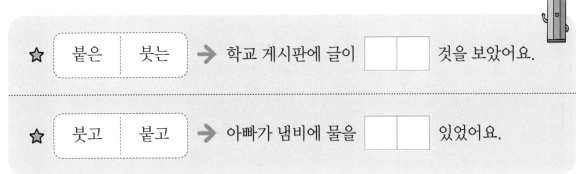

☆  붙은 | 붓는  →  학교 게시판에 글이 □□ 것을 보았어요.

☆  붓고 | 붙고  →  아빠가 냄비에 물을 □□ 있었어요.

※ 붙다: (무엇에) 닿아서 떨어지지 않다.
※ 붓다: 어디에 액체나 가루를 쏟다.

생활문—신문 기사

바빠 독해

21

# 하늘에서 떨어진 똥 덩어리

다음 글을
소리 내어
읽어 보세요.

바쁜 초등학생을 위한 빠른 신문 [바빠 신문]

## 하늘에서 똥 덩어리 떨어져

[바빠 신문] 입력: 20△△년 △월 △일
최엉뚱 기자(funnychio@bappnnew.com)

영국의 △△ 마을에 똥 덩어리가 떨어져 충격을 주고 있다. 마을 주민인 에밀리와 메리는 △월 △일 한밤중에 쿵 하는 소리에 깜짝 놀라 뛰쳐나왔더니 하얀 얼음 덩어리가 자동차에 떨어져 있었다.

에밀리는 "처음에는               인 줄 알았어요. 그런데 얼음이 녹으면서 똥 냄새가 나는 거예요. 놀랍게도 대변과 휴지가 뒤죽박죽 섞여 있었지요."라고 말하며 봉투를 보여 주었다.

메리는 이 물체가 비행기에서 떨어진 것이 틀림없다고 주장하며, 사람 위로 떨어지지 않은 것이 천만다행이라고 했다. 한 대학 연구소에 따르면 비슷한 일이 매년 10회 정도 발생한다고 한다.

그러나 어느 비행기에서 떨어졌는지 알 길이 없기 때문에 안타깝게도 피해를 본 주민에 대한 보상은 이뤄지지 않고 있다.

## 1

**어휘력**

빈칸에 알맞은 말을 넣어 설명을 완성하세요.

<sup>보기</sup>

갚음    벌어짐    운

| | |
|---|---|
| 천만다행 | 아주 [ ]이 좋고, 일이 잘됨. |
| 발생 | 어떤 사물이 생기거나 어떤 일이 [ ][ ]. |
| 보상 | 남에게 준 피해를 돈이나 물건 등으로 [ ][ ]. |

## 2

**이해력**

[ ] 안에 들어갈 내용으로 알맞은 것에 O표 하세요.

❶ [ 미국 | 영국 ]의 한 마을에 하늘에서 똥 덩어리가 떨어진 사건이 있었다.

❷ 하늘에서 떨어진 얼음 덩어리가 녹으면서 [ 똥 냄새 | 꽃향기 ]가 났다.

## 3

**추론 능력**

이야기를 생각하며 빈칸에 들어갈 내용을 고르세요. (      )

처음에는
[                    ]인 줄
알았어요.

① 대변과 휴지가 섞인 쓰레기

② 평범한 얼음 덩어리

## 4

**사고력**

신문 기사를 보고 알맞은 말을 한 친구는 누구인가요? (      )

바쁜 초등학생을 위한 빠른 신문 [바쁜 신문]
하늘에서 똥 덩어리 떨어져
[바쁜 신문] 입력: 20△△년 △월 △일
최영웅 기자(funnychio@bappnnew.com)

① 사실을 위주로 썼구나.

바빠독

② 의견을 위주로 썼구나.

바쁜냥

**5** 줄거리입니다. 빈칸에 들어갈 말을 골라 쓰세요.

**내용 정리**

보기      이득    비행기    얼음    피해    휴지

영국의 한 마을에서 한밤중에 쿵 하는 소리에 놀라 주민들이 뛰쳐나왔는데,
하얀 [  ][  ] 덩어리가 자동차에 떨어져 있었다.

↓

에밀리는 얼음이 녹으면서 똥 냄새가 났고, 대변과 [  ][  ]가
뒤죽박죽 섞여 있었다며 봉투를 보여 주었다.

↓

메리는 이 물체가 [  ][  ][  ]에서 떨어진 것이라고 주장했는데,
한 대학 연구소에 따르면 비슷한 일이 매년 10회 정도 발생한다고 한다.

↓

그러나 어느 비행기에서 떨어졌는지 알 길이 없기 때문에 [  ][  ]를
본 주민에 대한 보상은 이뤄지지 않고 있다.

**6** 빈칸에 들어갈 말을 골라 쓰세요.

**맞춤법**

☆ [ 않고 | 앉고 ] → 피해를 본 주민에 대한 보상은 이뤄지지
[  ][  ] 있다.

☆ [ 않아 | 앉아 ] → 엉뚱이는 사랑이 옆에 [  ][  ] 있었어요.

※ 않다: 어떤 행동을 안 하다.
※ 앉다: 엉덩이를 바닥에 붙이고 윗몸을 세우다.

# 대장 문장 찾기

다음 글을 소리 내어 읽어 보세요.

선생님

대장처럼 글을 이끌어 가는 문장을 '중심 문장'이라고 해요. 아래 글을 읽고 중심 문장을 찾아봅시다.

① 개미는 사회성 곤충이에요.

첫째, 개미는 수십 마리가 줄지어 다녀요. 먼저 간 개미는 냄새를 주변에 묻히며 가요. 뒤에 오는 개미들은 　　　　　　　　　 따라가지요.

둘째, 개미는 큰 먹이를 나를 때 서로 협동해요.

② 죽은 나방이나 애벌레처럼 자기 몸보다 수십 배는 큰 먹이를 밀고 끌면서 여럿이 함께 날라요.

셋째, 개미는 다른 곤충과 도움을 주고받아요.

③ 진딧물이 식물의 즙을 먹고 단물을 배출하면 개미들은 그 단물을 먹지요. 대신 개미들은 진딧물의 적인 무당벌레를 쫓아 줘요.

믿음이

③번이에요. 왜냐하면 웃기고 재미있으니까요.

소망이

②번이에요. 왜냐하면 가장 긴 문장이니까요.

선생님

여러분! 중심 문장은 글 전체 내용을 대표해요. 다른 문장들의 뒷받침을 받는 문장이 무엇인지 생각한 뒤 다시 골라 보세요.

사랑이

아하! 그럼 ①번이겠네요!

**1** 빈칸에 알맞은 말을 넣어 설명을 완성하세요.

어휘력

보기
┌─────────────────┐
│  밖   뒤   힘   │
└─────────────────┘

| 사회성 곤충 | 무리를 지어 서로 □을 합치며 살아가는 곤충. |
|---|---|
| 배출 | 먹은 음식을 소화한 뒤 몸 □으로 내보내는 일. |
| 뒷받침 | □에서 도와주는 일. |

**2** □ 안에 들어갈 내용으로 알맞은 것에 O표 하세요.

이해력

❶ 글을 ┌ 뒷받침하는 │ 이끌어 가는 ┐ 문장을 '중심 문장'이라고 해요.

❷ 개미는 ┌ 진딧물과 │ 무당벌레와 ┐ 도움을 주고받아요.

**3** 이야기를 생각하며 빈칸에 들어갈 내용을 고르세요. (     )

추론 능력

┌ ─ ─ ─ ─ ─ ─ ─ ─ ─ ─ ─ ┐
    뒤에 오는 개미들은
    ▢▢▢▢▢▢▢▢▢▢▢
       따라가지요.
└ ─ ─ ─ ─ ─ ─ ─ ─ ─ ─ ─ ┘

① 그 소리를 들으며
② 그 냄새를 맡으며

**4** 중심 문장의 특징을 가장 잘 설명한 친구는 누구인가요? (     )

사고력

소망이
①  "무조건 길이가 길어야 해요."

믿음이
②  "엄청 웃기고 재미있어야 해요."

사랑이
③  "글 전체 내용을 대표해야 해요."

## 5 줄거리입니다. 빈칸에 들어갈 말을 골라 쓰세요.

내용정리

보기     시작     중심     전체     개미     대장

선생님은 [ ] 처럼 글을 이끌어 가는 문장이 '중심 문장'이라고
설명하신 뒤, 글에서 찾아보자고 하셨어요.

⬇

[ ] 는 수십 마리가 줄지어 가고, 먹이를 나를 때 협동을 하며,
진딧물과 돕고 사는 사회성 곤충이라는 내용의 글이었어요.

⬇

[ ] 문장으로 믿음이는 재미있는 문장을 골랐고,
소망이는 가장 긴 문장을 골랐어요.

⬇

그러자 선생님은 글 [ ] 내용을 대표하는 것이 중심 문장이
라고 하셨어요. 그러자 사랑이는 첫 번째 문장을 골랐답니다.

## 6 빈칸에 들어갈 말을 골라 쓰세요.

맞춤법

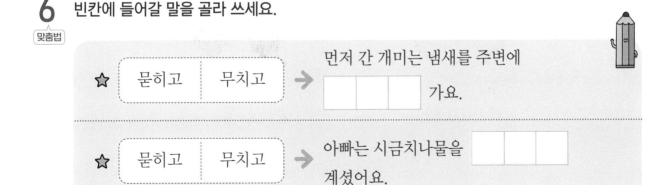

☆ [ 묻히고 ][ 무치고 ] → 먼저 간 개미는 냄새를 주변에 [ ][ ][ ] 가요.

☆ [ 묻히고 ][ 무치고 ] → 아빠는 시금치나물을 [ ][ ][ ]
계셨어요.

※ 묻히다: 액체나 가루를 무엇에 묻게 하다.
※ 무치다: 양념을 넣고 버무리다.

# 유리창떠들썩팔랑나비를 보고

다음 글을 소리 내어 읽어 보세요.

## '나비 박사, 석주명'을 읽고

〈글쓴이: 김사랑〉

얼마 전 화단에서 나비를 보았다. 풀잎 위에 사뿐히 앉았는데 너무 고와서 이름을 찾아보았다. 내가 본 나비는 '유리창떠들썩팔랑나비'였다. 그런데 그 이름을 붙인 분이 석주명 박사라는 걸 알고 이 책을 읽게 되었다.

▲ 석주명

이 책은 우리나라 나비 연구에 큰 업적을 세운 석주명 박사의 삶에 대한 책이다. 동물을 좋아했던 어린 시절 이야기, 왜 나비를 연구하기로 결심했는지 등이 나온다. 또 어떻게 나비 연구를 했는지도 자세히 설명되어 있다.

특히 200종이 넘는 나비에 우리말 이름을 붙이는 부분이 가장 인상 깊었다. 유리창떠들썩팔랑나비, 무늬박이제비나비

처럼 ⬜⬜⬜⬜⬜⬜ 근사한 이름들이다. 그전에는 일본식 나비 이름이 붙어 있거나 아예 이름이 없는 나비들도 많았다고 한다.

 ▲ 유리창떠들썩팔랑나비

 ▲ 무늬박이제비나비

이 책 덕분에 나는 나비에 대해 흥미가 생겼다. 밥 먹는 시간도 아끼며 나비를 채집하고 연구한 박사님께 진심으로 감사드린다.

**1** 빈칸에 알맞은 말을 넣어 설명을 완성하세요.

보기

| 가볍게 | 잡거나 | 노력 |

사뿐히 | 소리가 나지 않을 정도로 ☐☐☐.

업적 | ☐☐ 하고 수고해서 이룬 결과.

채집 | 널리 찾아다니며 ☐☐☐ 캐서 모으는 일.

**2** ☐ 안에 들어갈 내용으로 알맞은 것에 O표 하세요.

❶ 사랑이가 화단에서 본 것은 [ 유리창떠들썩팔랑나비 : 무늬박이제비나비 ] 이다.

❷ 석주명 박사는 200종이 넘는 나비에 [ 일본식 : 우리말 ] 이름을 붙였다.

**3** 이야기를 생각하며 빈칸에 들어갈 내용을 고르세요. (　　　)

유리창떠들썩팔랑나비,
무늬박이제비나비처럼
▨▨▨▨▨▨▨▨▨
근사한 이름들이다.

① 일본식을 그대로 따라한

② 한글의 멋을 살린

**4** 사랑이의 독서 감상문을 보고 바르게 말한 친구는 누구인가요? (　　　)

①
바빠독

가장 인상 깊은 부분
▼
책을 읽게 된 까닭
▼
책을 읽고 난 뒤 느낌이나 생각
▼
책의 내용

이런 순서로 썼어.

②
바쁘냥

책을 읽게 된 까닭
▼
책의 내용
▼
가장 인상 깊은 부분
▼
책을 읽고 난 뒤 느낌이나 생각

이런 순서로 썼어.

**5** 줄거리입니다. 빈칸에 들어갈 말을 골라 쓰세요.

내용 정리

> 보기
>
> 떡    일본식    석주명    밥    동물

얼마 전에 '유리창떠들썩팔랑나비'를 보았는데, 그 이름을 붙인 분이
☐☐☐ 박사라는 것을 알고 이 책을 읽게 되었다.

↓

이 책에는 석주명 박사의 ☐☐ 을 좋아했던 어린 시절과 왜,
그리고 어떻게 나비를 연구하기로 결심했는지가 나온다.

↓

☐☐☐ 이름이 붙어 있거나 아예 이름이 없는 나비들에 근사한
우리말 이름을 붙이는 부분이 가장 인상 깊었다.

↓

이 책 덕분에 나도 나비에 대해 흥미가 생겼다. ☐ 먹는 시간도 아끼며
나비를 연구한 박사님께 감사드린다.

**6** 빈칸에 들어갈 말을 골라 쓰세요.

맞춤법

☆ | 읽게 | 잃게 | → 화단에서 본 나비 덕분에 이 책을 ☐☐ 되었다.

☆ | 읽어 | 잃어 | → 주머니에 넣어 둔 오백 원을 ☐☐ 버렸다.

※ 읽다: 글을 소리 내거나 눈으로 보아 그 뜻을 알다.
※ 잃다: 가지고 있던 물건을 더 이상 가지고 있지 않다.

# 첫 연주회를 했다

사랑이의 일기를
소리 내어
읽어 보세요.

| 5월 △일 일요일 | 날씨: 맑음 |
| --- | --- |

## 제목: 나의 첫 연주회

오늘 오후 내 인생 처음으로 연주회를 했다. 내가 다니는 '내 친구 피아노 학원'에서 하는 아홉 번째 연주회이다.

엄마가 헤어드라이어로 내 머리를 꼬불꼬불 곱슬머리로 만들어 주셨다. 마음에 안 들었지만, 엄마가 정성을 쏟은 걸 알기 때문에 불평할 수 없었다.

내 순서가 되었다. 무대 위로 올라가 동그라미 스티커 위에 섰다.

청중석은 　　　　　　　　 잘 보이지 않았다. 원장님께서 손짓으로 입꼬리를 올리라는 신호를 주셨다. 나는 연습한대로 미소를 지으며 인사를 했다. 그러자 박수가 쏟아졌다.

내 친구 피아노 학원 제9회 정기 연주회

무대 위에는 코끼리처럼 큰 피아노가 있었다. 모차르트[1] 곡인 <소나타>[2] 10번 1악장을 연주했다. 한 번 실수했지만, 슬쩍 잘 넘어갔다. 연습 때보다 잘한 것 같아 뿌듯했다.

1) 모차르트(1756~1791): 오스트리아의 천재 작곡가로, <작은 별> 등을 작곡했어요.
2) 소나타: 한 사람이 악기를 연주하는 형식의 곡이에요. 보통 여러 개의 작은 곡이 하나로 묶여 있어요.

보기

**1** 빈칸에 알맞은 말을 넣어 설명을 완성하세요.

어휘력

자리　　구석　　마음

| 정성 | 열심히 최선을 다하는 진실한 ☐☐. |
| 청중석 | 음악을 듣기 위해 모인 사람들이 앉는 ☐☐. |
| 입꼬리 | 입의 양쪽 ☐☐. |

**2** ☐ 안에 들어갈 내용으로 알맞은 것에 O표 하세요.

이해력

❶ 사랑이는 ┃ 처음으로 ┃ 아홉 번째로 ┃ 연주회를 했어요.

❷ 원장님께서는 사랑이에게 ┃ 눈꼬리를 ┃ 입꼬리를 ┃ 올리라고 신호를 주셨어요.

**3** 이야기를 생각하며 빈칸에 들어갈 내용을 고르세요. (　　　)

추론 능력

청중석은 ▬▬▬▬ 잘 보이지 않았다.

① 밝고 환해서

② 깜깜하고 어두워서

**4** 벌어진 일의 순서에 맞게 번호를 쓰세요.

사고력

(　　　)　　　　　　(　　　)　　　　　　(　　　)

**5** 줄거리입니다. 빈칸에 들어갈 말을 골라 쓰세요.

**내용정리**

> **보기**   리코더   곱슬머리   미소   피아노   연주회

오늘 오후 처음으로 ☐☐☐ 를 했다. 내가 다니는 피아노 학원에서 하는 아홉 번째 연주회이다.

↓

엄마가 내 머리를 ☐☐☐ 로 만들어 주셨는데, 마음에 안 들었지만 불평할 수 없었다.

↓

무대 위로 올라가자 청중석이 잘 보이지 않았다. 원장님께서 신호를 주셔서 ☐☐ 를 지으며 인사를 하자, 박수가 쏟아졌다.

↓

코끼리처럼 큰 ☐☐☐ 로 모차르트 곡을 연주했다. 한 번 실수했지만 잘 넘어갔고, 연습 때보다 잘한 것 같아 뿌듯했다.

**6** 빈칸에 들어갈 말을 골라 쓰세요.

**맞춤법**

☆ ┆ 쏟은 ┆ 솟은 ┆ → 엄마가 정성을 ☐☐ 걸 알기 때문에

☆ ┆ 쏟아 ┆ 솟아 ┆ → 하늘 높이 검은 연기가 ☐☐ 올랐어요.

※ 쏟다: 그릇 등에 들어 있는 것을 바깥으로 나오게 하다.
※ 솟다: 아래서 위로 곧바로 오르다.

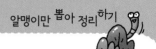

1  이야기의 내용과 어울리는 문장끼리 알맞게 연결하세요.

| | |
|---|---|
| 높임 표현을 할 때는 | 중요한 내용만 간추려 적어야 해요. |
| 설명을 들으며 메모할 때는 | 형식에 맞게 써야 해요. |
| 중심 문장은 | 상대에 맞게 해야 해요. |
| 편지를 쓸 때는 | 글 전체 내용을 대표하는 문장이에요. |

2  <보기>의 말을 낱말 판에서 찾아 묶어 보세요.

보기   또래   유물   천만다행   발생   채집

| 츠 | 재 | 채 | 키 | 티 | 야 | 또 |
|---|---|---|---|---|---|---|
| 발 | 티 | 집 | 재 | 츠 | 키 | 래 |
| 생 | 료 | 뷰 | 겨 | 뉴 | 도 | 뷰 |
| 뉴 | 겨 | 무 | 천 | 만 | 다 | 행 |
| 유 | 물 | 튜 | 야 | 제 | 츄 | 퓨 |

# 교과 사회

3학년부터 배우는 '사회'는 사회 현상을 올바르게 이해하고 사회인으로 성장하는 데 꼭 필요한 교양과 태도를 기르는 과목이에요. 지리, 역사, 경제 및 문화에 대한 지식을 배우지요. 그래서 넷째 마당에는 '사회' 과목을 공부하는 데 직접 도움이 되는 글감을 단원의 순서에 맞추어 구성했어요. 여러분이 '사회' 과목을 예습하거나 복습하는 데에도 도움이 될 거예요. 넷째 마당을 통해 독해력도 쑥쑥 기르고 사회 지식도 차곡차곡 쌓아 보세요.

다음 글을 소리 내어 읽어 보세요.

하늘 위에서 유리 바닥을 걸으며 　　　　　　　　 볼 수 있게 만든 구조물을 스카이워크라고 해요. 우리나라의 유명한 스카이워크 세 곳을 소개할게요.

먼저 부산에 있는 오륙도 스카이워크예요. 유리판을 말발굽 모양으로 이어 붙인 길이 바다를 향해 있어서 파도가 철썩 절벽을 때릴 때면 짜릿함이 느껴진답니다.

▲ 오륙도 스카이워크

다음은 단양에 있는 만천하 스카이워크예요. 남한강 절벽 위에 기울어진 달걀 모양 전망대가 있는데, 빙글빙글 올라가면 제일 꼭대기에 손가락 세 개를 뻗친 모양의 유리 바닥 길이 있지요. '만천하'는 '온 세상'이라는 뜻이에요. 이곳에 올라가면 강과 어우러진 주변의 아름다운 경치를 한눈에 볼 수 있어 감탄이 절로 나온다고 해요.

▲ 만천하 스카이워크

마지막으로 춘천에 있는 소양강 스카이워크예요. 백 미터도 넘는 유리 바닥이 소양강 위로 쭉 뻗어 있어요.

한 걸음 내딛을 때마다 발밑으로 보이는 물결에 온몸이 짜릿짜릿해진답니다.

▲ 소양강 스카이워크

**1** 빈칸에 알맞은 말을 넣어 설명을 완성하세요.

보기

| 감동 | 멀리 | 뼈대 |

구조물 : 땅에 [  ][  ]를 세우고 만든 다리, 터널 등.

전망대 : [  ][  ] 내다볼 수 있게 만든 시설.

감탄 : 크게 느끼며 마음 깊이 [  ][  ] 받는 것.

**2** [  ] 안에 들어갈 내용으로 알맞은 것에 O표 하세요.

❶ 오륙도 스카이워크는 유리판을 [ 말발굽 │ 달걀 ] 모양으로 이어 붙였어요.

❷ 만천하 스카이워크는 [ 발가락 │ 손가락 ] 세 개를 뻗친 모양이에요.

**3** 빈칸에 들어갈 내용으로 더 알맞은 것을 고르세요. (          )

유리 바닥을 걸으며
[          ]
볼 수 있게 만든 구조물을
스카이워크라고 해요.

① 머리 위 경치를

② 발아래 경치를

**4** 다음 중 바닷가에 있는 스카이워크는 무엇인가요? (          )

① 소양강 스카이워크

② 만천하 스카이워크

③ 오륙도 스카이워크

**5** 줄거리입니다. 빈칸에 들어갈 말을 골라 쓰세요.

*내용 정리*

> **보기**   부산   소양강   만천하   한라산   스카이워크

하늘 위 유리 바닥을 걸으며 경치를 볼 수 있게 만들어 놓은 구조물을 □□□□□ 라고 해요.

⬇

□□ 에 있는 오륙도 스카이워크는 말발굽 모양의 유리 길이 바다를 향해 있어서 파도가 절벽을 때릴 때면 짜릿함이 느껴진답니다.

⬇

단양에 있는 □□□ 스카이워크는 남한강 절벽 위의 전망대 꼭대기에 있는데, 손가락 새 개를 뻗친 모양의 유리 바닥으로 주변 경치를 한눈에 볼 수 있어요.

⬇

마지막으로 춘천에 있는 □□□ 스카이워크는 백 미터도 넘는 유리 바닥 밑으로 보이는 물결에 온몸이 짜릿짜릿해진답니다.

**6** 파란색 글자를 바르게 고쳐 쓰세요.

*맞춤법*

☆   이여붙인 길   →   _____

☆   달걀 모양 전망데   →   _____

사랑이는 꿈속에서 선덕 여왕을 만나 첨성대에 대해 여러 가지를 배웠어요.

사랑이

여왕님, 신라에 있는 역사 깊은 천문대를 구경하기 위해 미래에서 왔어요.

선덕 여왕

저기 보이는 첨성대 말이구나!

사랑이

우아! 멋져요. 그런데 창문처럼 뚫린 구멍은 무엇인가요?

선덕 여왕

그곳에 사다리를 걸치고 안으로 들어간 뒤, 안에서 다른 사다리를 통해 꼭대기로 올라가 하늘을 관찰하는 거란다.

▲ 첨성대

사랑이

첨성대가 지금까지 튼튼하게 서 있는 비결이 무엇인가요?

선덕 여왕

크기가 다른 돌을 맞물려 쌓아서 쉽게 무너지지 않도록 한 것이지. 또 중간 정도까지 내부에 흙을 채워 넣은 것도 도움이 되었어.

사랑이

그렇군요. 정말 대단하네요. 그런데 첨성대는 왜 만드신 거예요?

선덕 여왕

　　　　　　　　　　　 농사지을 시기를 정하기 위해서란다. 농사가 잘 되어 풍년이 들어야 백성들 삶이 편안하거든.

**1** 빈칸에 알맞은 말을 넣어 설명을 완성하세요.

어휘력

보기

| 곡식 | 아직 | 우주 |
|---|---|---|

| 천문대 | | 우주 를 관찰하기 위해 만든 시설. |
|---|---|---|
| 미래 | | 아직 오지 않은 날. |
| 풍년 | | 곡식 이 잘 자라서 많이 거둔 해. |

**2** ☐ 안에 들어갈 내용으로 알맞은 것에 O표 하세요.

이해력

❶ 첨성대는 [ 신라 ┆ 고구려 ]에 있는 아주 오래된 천문대예요.

❷ 첨성대는 중간 정도까지 내부에 [ 흙 ┆ 곡식 ]을 채워 넣었어요.

**3** 이야기를 생각하며 빈칸에 들어갈 내용을 고르세요. (      )

추론 능력

농사지을 시기를
정하기 위해서란다.

① 날아가는 새들을 구경해서
② 해, 달, 별의 움직임을 관찰해서

**4** 화살표가 가리키는 곳에 대해 바르게 말한 친구는 누구인가요? (      )

사고력

① 사물함 역할을
하는 곳이야.

바빠독

② 출입문 역할을
하는 곳이지.

바쁜냥

## 5 줄거리입니다. 빈칸에 들어갈 말을 골라 쓰세요.

**내용 정리**

> **보기**　　미소　　튼튼하게　　사다리　　농사　　선덕

첨성대는 신라에 있는 아주 오래된 천문대이지요. 사랑이가 꿈에서
만난 [　　] 여왕은 첨성대에 대해 많은 것을 가르쳐 주었어요.

↓

첨성대의 창문에 사다리를 걸치고 안으로 들어간 뒤 안에서 다른
[　　　] 를 통해 꼭대기로 올라가 하늘을 관찰했어요.

↓

첨성대는 돌을 맞물리게 쌓아 쉽게 무너지지 않도록 했고, 중간 정도까지
내부에 흙을 채워 넣어 지금까지 [　　　　] 서 있을 수 있었어요.

↓

첨성대는 [　　] 지을 시기를 정하기 위해 만들었어요.
풍년이 들어야 백성들 삶이 편안하기 때문이지요.

## 6 파란색 글자를 바르게 고쳐 쓰세요.

**맞춤법**

☆ 미레에서 왔어요. → [　　　　　　　　　　]

☆ 왜 만드신 거에요? → [　　　　　　　　　　]

# 풀로 종이를 만들었다고?

오늘날 우리가 사용하는 종이는 나무를 주재료로 만들어요. 그런데 풀로 종이를 만든 사람들이 있어요. 바로 고대 이집트인이 그 주인공이지요.

고대 이집트인은 '파피루스'라는 풀로 종이를 만들었어요. 파피루스는 나일 강가에서 자라는 풀이에요. 그러면 파피루스로 종이를 만드는 법을 알아볼까요?

▲ 파피루스

먼저 파피루스 줄기를 일정한 길이로 얇게 잘라요. 그리고 물에 한참 담근 뒤 건져요.

줄기를 나란히 붙여 사각형을 만들어요. 이때 망치로 두드리면 끈적거리는 수액이 나오면서 줄기들이 서로 잘 붙어요.

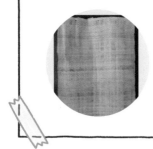

이것을 바짝 말리면 파피루스 종이가 되는 거지요.

고대 이집트인은 사각형 파피루스 종이를 긴 두루마리로 만들어 사용했어요. 오늘날 '종이'를 뜻하는 영어 '페이퍼(paper)'는 '파피루스(papyrus)'에서 유래되었지요.

**1** 빈칸에 알맞은 말을 넣어 설명을 완성하세요.

보기

| 둘둘 | 물 | 생겨남 |

수액 | 나무나 풀의 줄기 등에서 나오는 끈적끈적한 ☐ .

두루마리 | 여러 장의 종이를 이어 붙여 ☐☐ 말아 놓은 것.

유래 | 어떤 일이나 물건이 ☐☐ , 또는 그 까닭.

**2** ☐ 안에 들어갈 내용으로 알맞은 것에 O표 하세요.

❶ 파피루스는 나일 강가에 자라는 │ 나무 │ 풀 │이에요.

❷ 파피루스 종이를 만들려면 먼저 얇게 자른 줄기를 │ 물 │ 진흙 │에 담가요.

**3** 이야기를 생각하며 빈칸에 들어갈 내용을 고르세요. (　　)

고대 이집트인은 사각형 파피루스 종이를 ▬▬▬▬▬ 긴 두루마리로 만들어 사용했어요.

① 옆으로 길게 이어 붙여서

② 위로 두껍게 쌓아서

**4** 다음 그림을 보고 바르게 말한 친구는 누구인가요? (　　)

① 줄기가 서로 잘 붙게 만들려고 하는구나.

바빠독

② 바짝 말리려고 하는구나.

바쁘냥

## 5 줄거리입니다. 빈칸에 들어갈 말을 골라 쓰세요.

내용 정리

> 보기
>
> 파피루스  나일  페이퍼  베이비  이집트

종이는 나무를 주재료로 만드는데, 고대 ☐☐☐ 인은 풀로 종이를 만들었어요.

⬇

고대 이집트인은 ☐☐ 강가에서 자라는 풀인 파피루스로 종이를 만들었어요.

⬇

얇게 자른 줄기를 물에 담갔다 건진 후에 사각형으로 붙여 망치로 두드려요. 그리고 바짝 말리면 ☐☐☐☐ 종이가 되지요.

⬇

이집트인이 두루마리로 만들어 사용한 파피루스에서 '종이'를 뜻하는 영어 '☐☐☐'가 유래되었지요.

## 6 파란색 글자를 바르게 고쳐 쓰세요.

맞춤법

☆ 물에 한참 담근 뒤 건저요. →

☆ 줄기들이 서로 잘 붙여요. →

# 사각형이 아닌 우표가 있다고?

다음 글을 소리 내어 읽어 보세요.

손 편지는 어떻게 배달될까요?

우리가 빨간 우체통에 손 편지를 넣으면, 우편 집배원이 모아서 분류한 뒤, 받는 사람의 주소 근처 우체국으로 보내요. 그러면 그곳의 우편 집배원이 받는 사람에게 배달해 주지요.

아주 옛날, 우표가 있기 전에는 편지를 받는 사람이 요금을 냈어요. 그런데 받는 사람이 돈이 없거나 편지를 거절하면 문제가 생겼어요. 그래서 편지를 보내는 사람이 미리 요금을 내게 하려고 우표를 만들었어요.

우표는 대부분 　　　　　　이에요. 사각형인 편지 봉투 모서리에 모양을 맞추어 붙이기 편리하기 때문이지요. 그런데 사각형이 아닌 우표가 있다고 해요.

2000년에는 사랑 나누기 행사를 위한 하트 모양 우표가 나왔어요. 2002년에는 축구 월드컵을 기념하여 동그란 공 모양의 우표가 나왔지요.

2015년에는 우주의 모습을 담은 별 모양과 세계 물 회의를 기념한 물방울 모양 등의 우표도 나왔답니다.

▲2000년
사랑 나누기 특별 우표

▲2002년
월드컵 기념 우표

▲2015년
러브조이혜성 우표

▲2015년
세계 물포럼 기념 우표

**1** 빈칸에 알맞은 말을 넣어 설명을 완성하세요.

어휘력

보기

기억 　 돈 　 세계

| 요금 | 무엇을 사용하거나 남의 도움을 받은 값으로 내는 ☐. |
| 월드컵 | ☐☐ 여러 나라 운동선수들이 모여서 하는 대회. |
| 기념 | 어떤 일이나 사람을 잊지 않고 ☐☐ 하고 생각함. |

**2** ☐ 안에 들어갈 내용으로 알맞은 것에 O표 하세요.

이해력

❶ 우체통에 손 편지를 넣으면, 　택배 배달원 ｜ 우편집배원 　이 모아서 분류해요.

❷ 우표가 있기 전에는 편지를 　보내는 사람 ｜ 받는 사람 　이 요금을 냈어요.

**3** 이야기를 생각하며 빈칸에 들어갈 내용을 고르세요. ( 　 )

추론능력

우표는 대부분
☐☐☐☐☐이에요.

① 빨간색
② 사각형

**4** 우표의 모양과 관련된 낱말을 알맞게 연결하세요.

사고력

·

·

·

·

·

·

·

·

사랑　　　　　축구　　　　　물　　　　　우주

## 5 줄거리입니다. 빈칸에 들어갈 말을 골라 쓰세요.

**내용 정리**

> **보기**  물고기  물방울  우체통  모서리  우표

☐☐☐ 에 넣은 손 편지는 우편집배원에 의해 받는 사람의 주소 근처 우체국으로 보내지고, 다시 그곳의 우편집배원을 통해 배달돼요.

↓

옛날에는 편지를 받는 사람이 요금을 냈지만, 여러 가지 문제가 생겨서 편지를 보내는 사람이 ☐☐ 를 붙여 미리 요금을 내게 했지요.

↓

사각형인 편지 봉투 ☐☐☐ 에 붙이기 편리해서 우표는 대부분 사각형인데, 그렇지 않은 우표가 있다고 해요.

↓

사랑 나누기 행사를 위한 하트, 축구 월드컵을 기념한 공, 우주의 모습을 담은 별, 세계 물 회의를 기념한 ☐☐☐ 모양 등이 나왔답니다.

## 6 파란색 글자를 바르게 고쳐 쓰세요.

**맞춤법**

☆ 우편집베원 → ☐

☆ 세게 물 회의 → ☐

# 얼음으로 된 호텔이 있다고?

얼음 호텔이 있다는 말을 듣고 호기심이 생긴 사랑이는 직접 조사해 보기로 하고 계획서를 만들었어요.

### 조사 계획서

| | |
|---|---|
| 조사 주제 | 얼음 호텔 |
| 조사 목적 | 처음으로 생긴 얼음 호텔에 대해 알아보기 |
| 조사 기간 | 20△△년 △△월 △△일 ~ △△월 △△일 |
| 조사 장소 | 도서관 컴퓨터실 |
| 조사 내용 | • 얼음 호텔이 처음 생긴 곳은 어디일까?<br>• 그곳은 어떤 특징이 있을까? |
| 조사 방법 | 인터넷 검색 |
| 주의할 점 | • 알게 된 것은 정확하게 적어 둔다.<br>• 신뢰할 수 있는 사이트를 검색한다. |

사랑이는 계획서를 바탕으로 얼음 호텔[1]을 조사하여 보고서로 만들었어요.

### 조사 결과 보고서

| | |
|---|---|
| 조사 주제 | 얼음 호텔 |
| 조사 목적 | 처음으로 생긴 얼음 호텔에 대해 알아보기 |
| 조사 결과 | • 맨 처음으로 얼음 호텔이 생긴 곳은 눈이 많이 오고 겨울이 오래 지속되는 스웨덴이다.<br>• 스웨덴의 얼음 호텔은 벽과 바닥이 얼음이고, 탁자와 침대도 얼음이다. |
| 인상 깊었던 점 | 침대 위에 순록 가죽이 깔려 있다는 점이 기억에 남는다. |
| 더 알고 싶은 점 | 날씨가 따뜻해져도                     ? |

1) 이 호텔은 스웨덴의 최북단 도시 키루나의 유카셰르비 지역에 위치하고 있어요.

**1** 빈칸에 알맞은 말을 넣어 설명을 완성하세요.

어휘력

보기

사슴  믿고  자료

검색 │ 목적에 따라 필요한 [  ][  ]들을 찾아보는 일.

신뢰 │ 굳게 [  ][  ] 의지함.

순록 │ 추운 북극 지역 가까이에 사는 커다란 [  ][  ].


**2** [  ] 안에 들어갈 내용으로 알맞은 것에 O표 하세요.

이해력

❶ 사랑이는 조사하기 전에 먼저 [ 조사 계획서 │ 조사 결과 보고서 ]를 만들었어요.

❷ 사랑이가 조사한 얼음 호텔이 있는 나라는 [ 이집트 │ 스웨덴 ]이에요.


**3** 이야기를 생각하며 빈칸에 들어갈 내용을 고르세요. (    )

추론 능력

날씨가 따뜻해져도 ▨▨▨▨▨▨▨▨?

① 얼음 호텔이 유명해질까

② 얼음 호텔이 녹지 않을까


**4** 사랑이의 조사 결과 보고서를 보고 바르게 말한 친구는 누구인가요? (    )

사고력

① 얼음 호텔은 순록이 지내는 호텔이겠구나.
빠독이

② 스웨덴처럼 눈이 많이 오고 겨울이 긴 곳에 얼음 호텔이 있겠구나.
쁘냥이

## 5 줄거리입니다. 빈칸에 들어갈 말을 골라 쓰세요.

**내용 정리**

> **보기**
>
> 인상  감명  결과  침대  조사

사랑이는 얼음 호텔이 있다는 말을 듣고 처음으로 생긴 얼음 호텔에 대해 ☐☐ 해 보기로 했어요.

↓

사랑이는 먼저 조사 계획서를 만들었고, 계획서를 바탕으로 조사를 한 뒤 조사 ☐☐ 보고서도 만들었어요.

↓

맨 처음으로 얼음 호텔이 생긴 곳은 스웨덴이었는데, 그 얼음 호텔의 벽, 바닥, 탁자, ☐☐ 는 모두 얼음이었어요.

↓

사랑이는 조사 결과 보고서 마지막에 ☐☐ 깊었던 점과 더 알고 싶은 점을 기록했어요.

## 6 파란색 글자를 바르게 고쳐 쓰세요.

**맞춤법**

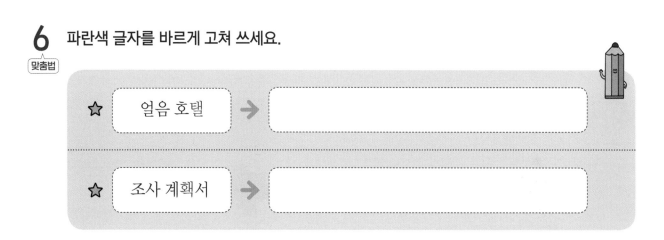

☆ 얼음 호텔 → _____

☆ 조사 계획서 → _____

# 한여름에 산타라고?

다음 글을 소리 내어 읽어 보세요.

지구는 적도를 중심으로 북반구와 남반구로 구분할 수 있어요. 우리나라는 북반구에 있고, 오스트레일리아는 남반구에 있지요. 북반구와 남반구의 계절은 서로 반대예요. 우리나라가 겨울이면　　　　　　　　　　.

우리는 한겨울에 크리스마스를 맞이해요. 반대로 오스트레일리아 사람들은 한여름에 크리스마스를 맞이하지요. 그래서 푹푹 찌는 무더위에 산타를 만난답니다.

만약 여러분이 오스트레일리아에서 크리스마스를 보낸다면 재미있는 복장의 산타들을 볼 수 있을 거예요. 반바지를 입은 산타, 수영복을 입은 산타, 바다에서 서핑을 즐기는 산타 등이지요. 더위에 땀을 뻘뻘 흘리는 한여름 산타의 모습이 그려지나요?

▲반바지를 입은 산타

▲수영복을 입은 산타

▲서핑을 즐기는 산타

이렇게 환경은 그곳에 사는 사람들의 생활에 영향을 줘요. 같은 축제라도 환경이 다르면 다른 식으로 즐기지요. 그러니 크리스마스 풍경도 다를 수밖에요.

**1** 빈칸에 알맞은 말을 넣어 설명을 완성하세요.

어휘력

보기

모습    같은    옷차림

| 적도 | 남극과 북극으로부터 ☐☐ 거리에 있는 지구 표면의 점을 이은 선. |
| --- | --- |
| 복장 | 옷을 차려 입은 모양, ☐☐☐. |
| 풍경 | 눈에 보이는 경치나 상황, ☐☐. |

**2** ☐ 안에 들어갈 내용으로 알맞은 것에 O표 하세요.

이해력

① 지구는 적도를 중심으로 북반구와 　남반구 ┆ 서반구 　로 구분할 수 있어요.

② 오스트레일리아는 　한겨울 ┆ 한여름 　에 크리스마스를 맞이해요.

**3** 이야기를 생각하며 빈칸에 들어갈 내용을 고르세요. (　　　)

추론 능력

우리나라가 겨울이면 ▬▬▬▬▬▬.

① 오스트레일리아는 겨울이지요.

② 오스트레일리아는 여름이지요.

**4** 다음 산타의 복장은 어느 나라에서 더 많이 볼 수 있을지 알맞게 연결하세요.

사고력

우리나라

오스트레일리아

## 5 줄거리입니다. 빈칸에 들어갈 말을 골라 쓰세요.

내용정리

보기    생각    반대    환경    반바지    무더위

지구는 적도를 중심으로 북반구와 남반구로 구분할 수 있는데
북반구와 남반구의 계절은 서로 〔  〕예요.

⬇

우리는 크리스마스를 한겨울에 맞이하지만, 오스트레일리아 사람들은
한여름 〔    〕에 산타를 만난답니다.

⬇

오스트레일리아에서 크리스마스를 보낸다면 〔    〕를 입은 산타,
수영복을 입은 산타, 바다에서 서핑을 즐기는 산타 등을 볼 수 있어요.

⬇

〔  〕은 사람들의 생활에 영향을 주므로 환경이 다르면 크리스마스
풍경도 다를 수밖에 없지요.

## 6 파란색 글자를 바르게 고쳐 쓰세요.

맞춤법

☆ 오스트래일리아 → 〔          〕

☆ 개절 → 〔          〕

107

# 수업료로 곡식을 냈다고?

다음 글을
소리 내어
읽어 보세요.

옛날에도 학교가 있었어요. 그 중에서 서당은 　　　　　 어린이들이 처음으로 가는 학교였어요. 서당 선생님은 '훈장'이라고 불렀지요.

서당에서는 무엇을 배웠을까요?

학생들은 '천자문'을 통해 한자를 익히고, 교훈이 되는 여러 책들의 구절을 외웠어요. 기본적인 예절도 배웠지요.

그런데 서당은 나라에서 세운 학교가 아니에요. 마을 사람들이 힘을 합쳐 훈장님을 모셔 와서 서당을

▲ 김홍도의 〈서당〉

차리기도 했고, 형편이 어려운 양반이 생계를 위해 서당을 차리기도 했지요.

학부모들은 수업료로 무엇을 냈을까요? 돈을 내기도 했지만 곡식을 내는 경우도 많았어요. 여름에는 봄에 거둔 보리를, 겨울에는 가을에 거둔 쌀을 수업료로 냈지요. 옷감이나 땔감을 내기도 했답니다.

▼ 서당에 낸 수업료

보리

쌀

옷감

땔감

**1** 빈칸에 알맞은 말을 넣어 설명을 완성하세요.

보기

한자    살림    불

천자문    ⬚⬚를 처음 배울 때 쓰던 책, 1000자가 실려 있음.

생계    ⬚⬚을 살아가는 방법 또는 사는 형편.

땔감    나무나 짚처럼 ⬚을 땔 때 쓰는 재료.

**2** ⬚ 안에 들어갈 내용으로 알맞은 것에 O표 하세요.

❶ [ 학교 ┆ 서당 ] 선생님을 '훈장'이라고 불렀어요.

❷ 학부모들은 서당에 수업료로 돈, 곡식, 옷감, [ 땔감 ┆ 조개 ] 등을 냈어요.

**3** 이야기를 생각하며 빈칸에 들어갈 내용을 고르세요. (        )

그중에서 서당은

어린이들이 처음으로
가는 학교였어요.

① 지금의 대학교처럼

② 지금의 초등학교처럼

**4** 서당에 대해 바르게 말한 친구는 누구인가요? (        )

① 지금의 초등학교처럼
나라에서 세운
학교이겠구나.

바빠독

② 수업료가 없어서
서당을 다니지 못하는
어린이도 있었겠구나.

바쁘냥

**5** 줄거리입니다. 빈칸에 들어갈 말을 골라 쓰세요.

보기      쌀    밀    예절    서당    양반

☐☐ 은 옛날 어린이들이 처음으로 가는 학교였으며,
서당 선생님은 '훈장'이라고 불렀어요.

↓

학생들은 서당에서 한자를 익히고 교훈이 되는 구절을 외웠으며,
기본적인 ☐☐ 도 배웠지요.

↓

서당은 마을 사람들이 힘을 합쳐 훈장님을 모셔 와서 차리기도 했고
☐☐ 이 생계를 위해 차리기도 했지요.

↓

학부모들은 수업료로 돈 또는 보리나 ☐ 같은 곡식을 내는 경우가 많았고,
옷감이나 땔감을 내기도 했어요.

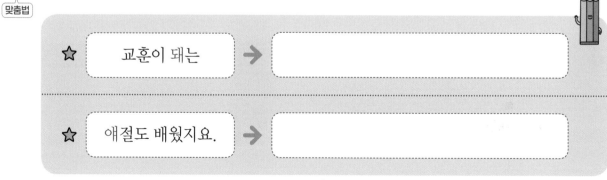

**6** 파란색 글자를 바르게 고쳐 쓰세요.

☆ 교훈이 돼는 → ☐

☆ 애절도 배웠지요. → ☐

110

바쁜 초등학생을 위한 빠른 신문 [바빠 신문]

# 무지개가 아름다운 이유는?

[바빠 신문] 입력: 20△△년 △월 △일
최엉뚱 기자(funnychio@bappnnew.com)

5월 20일 '세계인의 날'을 맞아 △△시민 공원에서 특별한 행사가 열렸다. 바로 '무지개가 아름다운 이유'라는 제목의 행사다. 이번 행사는 △△시에 거주하는 다문화 가정 모임이 열었다. 다문화 가정이란, 서로 다른 나라에서 태어나고 자란 남자와 여자가 결혼하여 꾸린 가정을 말한다.

▲베트남 – 반미

다양한 나라들의 국기, 전통 의상, 대표 음식을 소개하는 공간이 마련되었다. 그중 가장 인기가 높았던 곳은 ⬛⬛⬛⬛⬛⬛⬛⬛⬛⬛. 베트남의 반미, 태국의 똠얌꿍, 멕시코의 타코 등이 소개되었고, 시민들은 직접 맛도 볼 수 있었다.

부모 나라의 음식을 직접 대접한 어린이들은 이웃들의 큰 칭찬을 받았다. 멕시코 출신 음악가 엄마를 둔 코코는 "엄마 나라의 음식을 사람들이 좋아해 주니 너무 뿌듯해요."라고 말하며 환한 미소를 지었다.

▲타이 – 똠얌꿍

베트남 출신 대한민국 1호 경찰인 응우엔 티엔 린 씨는 "무지개가 아름다운 이유는 여러 색이 같이 있어서겠지요. 이번 행사로 다양한 문화에서 온 우리들을 열린 마음으로 대하는 이웃들이 많아지면 좋겠어요."라는 바람을 전했다.

▲ 멕시코 – 타코

**1** 빈칸에 알맞은 말을 넣어 설명을 완성하세요.

어휘력

보기
태어난    기다리는    산다

| 거주하다 | 일정한 곳에 머물러 ☐☐ . |
|---|---|
| 출신 | ☐☐☐ 가정이 속해 있던 곳. |
| 바람 | 어떤 일이 이루어지기를 ☐☐☐☐ 마음. |

**2** ☐ 안에 들어갈 내용으로 알맞은 것에 O표 하세요.

이해력

❶ 다문화 가정이란 서로 [ 같은 ┊ 다른 ] 나라에서 태어나고 자란 남자와 여자가 결혼하여 꾸린 가정을 말한다.

❷ 멕시코의 음식으로는 [ 타코 ┊ 반미 ] 가 소개되었다.

**3** 이야기를 생각하며 빈칸에 들어갈 내용을 고르세요. (     )

추론 능력

그중 가장 인기가 높았던 곳은 ▨▨▨▨▨▨▨▨ .

① 음식을 소개하는 곳이었다.

② 전통 의상을 소개하는 곳이었다.

**4** 이번 행사의 의미를 더 잘 이해한 친구는 누구인가요? (     )

사고력

①
같은 나라에서 온 사람들끼리
따로따로 지내는 게
더 아름다운 나라야.

바빠독

②
여러 나라에서 온 사람들이
열린 마음으로 잘 어울리는 게
더 아름다운 나라야.

바쁜냥

## 5 줄거리입니다. 빈칸에 들어갈 말을 골라 쓰세요.

**내용 정리**

보기     소나기    무지개    전통 의상    다문화    부모

'세계인의 날'을 맞아 ☐☐ 가정 모임이 시민 공원에서 '무지개가 아름다운 이유'라는 행사를 열었다.

⬇

다양한 나라들의 국기, ☐☐, 대표 음식이 소개되었는데, 특히 음식을 소개하는 곳의 인기가 가장 높았다.

⬇

☐☐ 나라의 음식을 대접한 어린이들은 이웃들의 칭찬을 받았고, 멕시코 출신 엄마를 둔 어린이 코코는 뿌듯해 했다.

⬇

베트남 출신 응우엔 티엔 린 씨는 ☐☐를 예로 들며, 다문화 가정에 대한 이웃들의 열린 마음을 바랐다.

## 6 파란색 글자를 바르게 고쳐 쓰세요.

**맞춤법**

☆ 공간이 마련돼었다. → ☐

☆ 바램을 전했다. → ☐

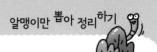

**1** 이야기의 내용과 어울리는 문장끼리 알맞게 연결하세요.

| | |
|---|---|
| 첨성대는 | '파피루스'라는 풀로 종이를 만들었어요. |
| 서당의 | 신라의 아주 오래된 천문대예요. |
| 오스트레일리아 사람들은 | 수업료로 곡식을 내기도 했어요. |
| 고대 이집트인들은 | 한여름에 산타를 만나요. |

**2** 〈보기〉의 말을 낱말 판에서 찾아 묶어 보세요.

보기   전망대   풍년   두루마리   적도   천자문

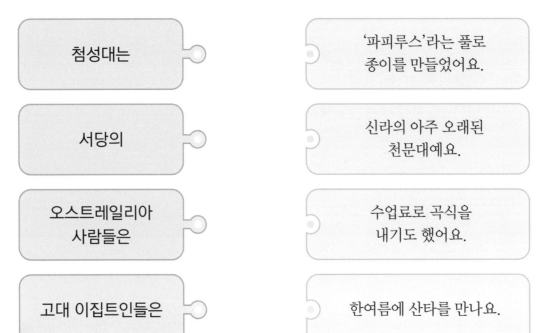

| 천 | 티 | 적 | 도 | 쟁 | 후 | 퍼 |
|---|---|---|---|---|---|---|
| 자 | 쿄 | 쿠 | 츄 | 풍 | 년 | 튜 |
| 문 | 뤼 | 히 | 돼 | 귀 | 뷔 | 전 |
| 됴 | 규 | 네 | 웨 | 녀 | 슈 | 망 |
| 두 | 루 | 마 | 리 | 겨 | 뷰 | 대 |

# 바쁜 초등학생을 위한
# 빠른 독해

초등학생을 위한

정답

## 3단계
초등 3~4학년

① 정답을 확인한 후 틀린 문제는 ☆표를 쳐 놓으세요.

② 그리고 그 문제들만 다시 풀어 보는 습관을 들이면 최고!

✏️ 내가 틀린 문제를 확인하는 습관을 들이면
아무리 바쁘더라도 공부 실력을 키울 수 있어요!

**01** 13~14쪽

1 도움, 방, 놀라

2 ❶ 사흘  ❷ 뒤뜰

3 ②

4

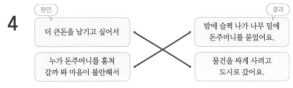

| 원인 | | 결과 |
|---|---|---|
| 더 큰돈을 남기고 싶어서 | ✕ | 밤에 슬쩍 나가 나무 밑에 돈주머니를 묻었어요. |
| 누가 돈주머니를 훔쳐 갈까 봐 마음이 불안해서 | | 물건을 싸게 사려고 도시로 갔어요. |

5 큰돈 ➡ 채소 ➡ 나무 ➡ 구멍

6 ②, ①

**02** 16~17쪽

1 살며시, 돈, 눈치

2 ❶ 거짓으로  ❷ 이백 냥

3 ②

4 ②

5 이백 ➡ 위험 ➡ 욕심 ➡ 고향

6 ①, ②

**03** 19~20쪽

1 깊이, 깨끗이, 맞다

2 ❶ 깊었어요  ❷ 밑바닥에

3 ②

4 ①

5 호수 ➡ 겨울 ➡ 낚시 ➡ 칠장이

6 ①, ②

**04** 22~23쪽

1 마음, 정신, 대단한

2 ❶ 씨 뿌릴 준비로  ❷ 꼼꼼히 메워져 있었어요

3 ②

4 ①

5 허락 ➡ 꼼꼼히 ➡ 구멍 ➡ 몰라라

6 ②, ①

**05** 25~26쪽

1 남편, 양털, 출입문

2 ❶ 허약한  ❷ 멀리 떨어진

3 ②

4 3 - 4 - 2 - 1

5 외동딸 ➡ 삼 형제 ➡ 첫째 ➡ 막내

6 ①, ②

**06** 28~29쪽

1 장소, 모르게, 귀족

2 ❶ 첫째  ❷ 양탄자가

3 ②

4 ①

5 잔치 ➡ 의견 ➡ 보물 ➡ 사위

6 ②, ①

⊙ 정답

**07** 31~32쪽

**1** 주인, 죽어서, 남긴

**2** ❶ 수수께끼 같은 ❷ 바로

**3** ①

**4**
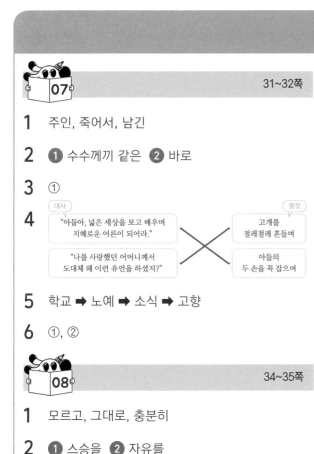

대사
"아들아, 넓은 세상을 보고 배우며 지혜로운 어른이 되어라."
"나를 사랑했던 어머니께서 도대체 왜 이런 유언을 하셨지?"

몸짓
고개를 절레절레 흔들며
아들의 두 손을 꼭 잡으며

**5** 학교 ➡ 노예 ➡ 소식 ➡ 고향

**6** ①, ②

**08** 34~35쪽

**1** 모르고, 그대로, 충분히

**2** ❶ 스승을 ❷ 자유를

**3** ②

**4**
대사
"그렇다 해도 어찌 전 재산을 노예에게 물려주신단 말입니까?"
"유언장의 마지막 말을 잘 생각해 보게."

몸짓
친절하게 웃는 모습
답답해하는 모습

**5** 스승 ➡ 마지막 ➡ 노예 ➡ 지혜로운

**6** ①, ②

첫째 마당 복습 36쪽

**1** 이야기 제목과 배울 점을 알맞게 연결하세요.

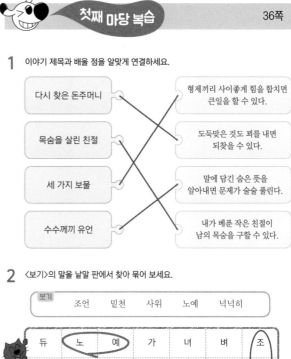

다시 찾은 돈주머니 — 도둑맞은 것도 꾀를 내면 되찾을 수 있다.
목숨을 살린 친절 — 내가 베푼 작은 친절이 남의 목숨을 구할 수 있다.
세 가지 보물 — 형제끼리 사이좋게 힘을 합치면 큰일을 할 수 있다.
수수께끼 유언 — 말에 담긴 숨은 뜻을 알아내면 문제가 술술 풀린다.

**2** 〈보기〉의 말을 낱말 판에서 찾아 묶어 보세요.

보기: 조언 밑천 사위 노예 넉넉히

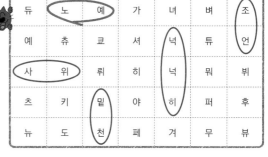

| 듀 | 노 | 예 | 가 | 녀 | 벼 | 조 |
| 예 | 츄 | 쿄 | 셔 | 넉 | 튜 | 언 |
| 사 | 위 | 뤼 | 히 | 넉 | 뭐 | 뷔 |
| 츠 | 키 | 밑 | 야 | 히 | 퍼 | 후 |
| 뉴 | 도 | 천 | 페 | 겨 | 무 | 뷰 |

**다섯 고개 놀이** 호 박사

**나는 누구일까요? 첫째 마당에 나온 낱말이에요.**

1. 여러분은 내 친구를 '알라딘'에서 보았을 거예요.
2. 아쉽게도 저는 날지 못하니 기대하진 마세요.
3. 사람들은 나를 바닥에 깔지요.
4. 나를 벽에 거는 사람도 있더군요.
5. 나는 양털로 짜서 만들었어요.

| ㅇ | ㅌ | ㅈ |

정답 융단자

**09**　　　　　　　　　39~40쪽

**1** 금, 상처, 일

**2** ❶ 몸체 ❷ 기능

**3** ②

**4** ②

**5** 탐구 ➡ 몸체 ➡ 플라스틱 ➡ 물질

**6** 여러∨가지, 만들∨때

**10**　　　　　　　　　42~43쪽

**1** 하는, 퍼져, 검다

**2** ❶ 맛을 ❷ 앞다리

**3** ①

**4** ②

**5** 기쁨 ➡ 미세포 ➡ 맛 ➡ 구멍

**6** 느낄∨수가∨없다면, 짧은∨털끝에

**11**　　　　　　　　　45~46쪽

**1** 하나로, 알갱이, 가지고

**2** ❶ 양쪽 끝을 ❷ 남쪽

**3** ①

**4** ②

**5** 철가루 ➡ 북쪽 ➡ 완전한 ➡ 원자

**6** 가리키는∨부분, 된∨것

**12**　　　　　　　　　48~49쪽

**1** 둘러싸다, 멀게, 미리

**2** ❶ 다섯 개뿐이에요 ❷ 동해

**3** ①

**4** 2 - 1 - 3

**5** 양 ➡ 해 ➡ 만 ➡ 섬

**6** 가장∨큰, 들어와∨있는

**13**　　　　　　　　　51~52쪽

**1** 결과, 사나운, 변화함

**2** ❶ 개 ❷ 가운데

**3** ①

**4** ①

**5** 하나 ➡ 숲 ➡ 초원 ➡ 줄여서

**6** 살았기∨때문에, 달릴∨수∨있는

**14**　　　　　　　　　54~55쪽

**1** 알맞다, 썩은, 주는

**2** ❶ 모래 ❷ 추론

**3** ②

**4** ②

**5** 비교 ➡ 오래 ➡ 식물 ➡ 과학자

**6** 진흙,∨썩은∨나뭇잎, 실험∨결과를

정답

**15**  57~58쪽

1 공간, 안개, 짧은

2 ❶ 부피는 ❷ 고체

3 ①

4 ②

5 공간 ➡ 수증기 ➡ 김 ➡ 물방울

6 움직일∨수∨있는, 그중∨일부가

**16**  60~61쪽

1 기준, 통함, 반대

2 ❶ 없어요 ❷ 멀리 떨어져 있어도

3 ①

4 ①

5 진동 ➡ 헤르츠 ➡ 코끼리 ➡ 박쥐

6 전해지는∨게, 먹이를∨찾을∨때

**둘째 마당 복습**  62쪽

1 이야기의 내용과 어울리는 문장끼리 알맞게 연결하세요.

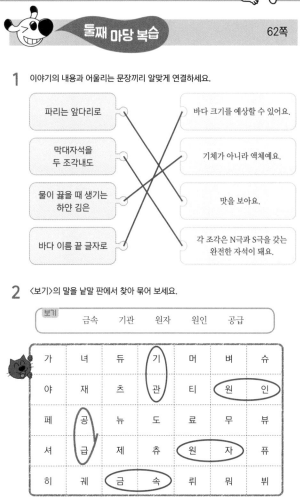

파리는 앞다리로 — 맛을 보아요.
막대자석을 두 조각내도 — 각 조각은 N극과 S극을 갖는 완전한 자석이 돼요.
물이 끓을 때 생기는 하얀 김은 — 기체가 아니라 액체예요.
바다 이름 끝 글자로 — 바다 크기를 예상할 수 있어요.

2 〈보기〉의 말을 낱말 판에서 찾아 묶어 보세요.

보기  금속  기관  원자  원인  공급

| 가 | 녀 | 듀 | 기 | 머 | 벼 | 슈 |
| 야 | 재 | 츠 | 관 | 티 | 원 | 인 |
| 페 | 공 | 뉴 | 도 | 료 | 무 | 뷰 |
| 셔 | 급 | 제 | 츄 | 원 | 자 | 퓨 |
| 히 | 궤 | 금 | 속 | 뤼 | 뭐 | 뷔 |

**다섯 고개 놀이**

호 박사

**나는 누구일까요? 둘째 마당에 나온 낱말이에요.**

1. 나는 아시아나 아프리카에 살아요.
2. 부끄럽지만 몸무게가 좀 나가요.
3. 고백하자면 똥도 좀 많이 눈답니다.
4. 서커스에서 나를 본 사람도 있을 거예요.
5. 나는 코로 물건을 자유롭게 잡을 수 있어요.

ㅋ ㄲ ㄹ

정답 코끼리

정답

 **17** 65~66쪽

1 직장, 예의, 나이

2 ❶ 반말 ❷ 물건

3 ①

4 ②

5 출근 ➡ 높임말 ➡ 사람 ➡ 라면

6 끓여, 끌지

 **20** 74~75쪽

1 예쁘게, 꼭, 먼저

2 ❶ 초등학생 ❷ 국어사전

3 ①

4 ②

5 부채 ➡ 추측 ➡ 함께 ➡ 동반자

6 붙은, 붓고

 **18** 68~69쪽

1 틀, 있어야, 서운하다

2 ❶ 편지 ❷ 보건실에서

3 ①

4 ①

5 첫인사 ➡ 편지지 ➡ 사과 ➡ 의자

6 건넸어요, 건넜어요

 **21** 77~78쪽

1 운, 벌어짐, 갚음

2 ❶ 영국 ❷ 똥 냄새

3 ②

4 ①

5 얼음 ➡ 휴지 ➡ 비행기 ➡ 피해

6 않고, 앉아

 **19** 71~72쪽

1 귀, 남긴, 사회

2 ❶ 황금 ❷ 무덤

3 ②

4 ②

5 금관 ➡ 신라 ➡ 금목걸이 ➡ 간추려서

6 불렸어요, 부렸어요

 **22** 80~81쪽

1 힘, 밖, 뒤

2 ❶ 이끌어 가는 ❷ 진딧물과

3 ②

4 ③

5 대장 ➡ 개미 ➡ 중심 ➡ 전체

6 묻히고, 무치고

**23** 83~84쪽

1 가볍게, 노력, 잡거나

2 ❶ 유리창떠들썩팔랑나비 ❷ 우리말

3 ②

4 ②

5 석주명 ➡ 동물 ➡ 일본식 ➡ 밥

6 읽게, 잃어

**24** 86~87쪽

1 마음, 자리, 구석

2 ❶ 처음으로 ❷ 입꼬리를

3 ②

4 3-1-2

5 연주회 ➡ 곱슬머리 ➡ 미소 ➡ 피아노

6 쏟은, 솟아

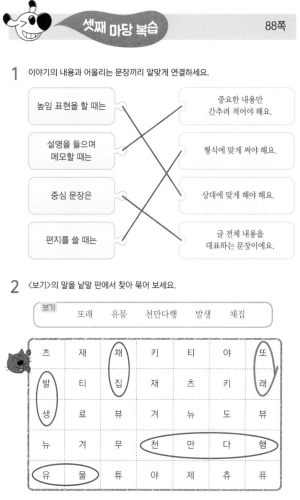

**셋째 마당 복습** 88쪽

1 이야기의 내용과 어울리는 문장끼리 알맞게 연결하세요.

| | |
|---|---|
| 높임 표현을 할 때는 | 중요한 내용만 간추려 적어야 해요. |
| 설명을 들으며 메모할 때는 | 형식에 맞게 써야 해요. |
| 중심 문장은 | 상대에 맞게 해야 해요. |
| 편지를 쓸 때는 | 글 전체 내용을 대표하는 문장이에요. |

2 〈보기〉의 말을 낱말 판에서 찾아 묶어 보세요.

보기   또래   유물   천만다행   발생   채집

| 츠 | 재 | 채 | 키 | 티 | 야 | 또 |
|---|---|---|---|---|---|---|
| 발 | 티 | 집 | 재 | 츠 | 키 | 래 |
| 생 | 료 | 뷰 | 겨 | 뉴 | 도 | 뷰 |
| 뉴 | 겨 | 무 | 천 | 만 | 다 | 행 |
| 유 | 물 | 튜 | 야 | 제 | 츄 | 퓨 |

---

**다섯 고개 놀이**

호 박사

**나는 누구일까요? 셋째 마당에 나온 낱말이에요.**

1. 우리는 여왕을 모시고 살아요.

2. 〈이솝우화〉에는 내가 베짱이를 비웃은 걸로 나와요.

3. 걱정이 되어 한마디 한 건데 좀 억울합니다.

4. 저는 제 몸무게의 몇십 배도 들어요.

5. 부지런한 사람에게 내 이름이 별명으로 붙지요.

ㄱ   ㅁ

정답 개미

**25** 91~92쪽

1 뼈대, 멀리, 감동

2 ❶ 말발굽 ❷ 손가락

3 ②

4 ③

5 스카이워크 ➡ 부산 ➡ 만천하 ➡ 소양강

6 이어붙인 길, 달걀 모양 전망대

**26** 94~95쪽

1 우주, 아직, 곡식

2 ❶ 신라 ❷ 흙

3 ②

4 ②

5 선덕 ➡ 사다리 ➡ 튼튼하게 ➡ 농사

6 미래에서 왔어요. , 왜 만드신 거예요?

**27** 97~98쪽

1 물, 둘둘, 생겨남

2 ❶ 풀 ❷ 물

3 ①

4 ①

5 이집트 ➡ 나일 ➡ 파피루스 ➡ 페이퍼

6 물에 한참 담근 뒤 건져요. ,
줄기들이 서로 잘 붙어요.

**28** 100~101쪽

1 돈, 세계, 기억

2 ❶ 우편집배원 ❷ 받는 사람

3 ②

4
사랑　　　축구　　　물　　　우주

5 우체통 ➡ 우표 ➡ 모서리 ➡ 물방울

6 우편집배원, 세계 물 회의

**29** 103~104쪽

1 자료, 믿고, 사슴

2 ❶ 조사 계획서 ❷ 스웨덴

3 ②

4 ②

5 조사 ➡ 결과 ➡ 침대 ➡ 인상

6 얼음 호텔, 조사 계획서

**30** 106~107쪽

1 같은, 옷차림, 모습

2 ❶ 남반구 ❷ 한여름

3 ②

4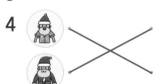
우리나라

오스트레일리아

5 반대 ➡ 무더위 ➡ 반바지 ➡ 환경

6 오스트레일리아, 계절

**31** 109~110쪽

1 한자, 살림, 불

2 ① 서당 ② 땔감

3 ②

4 ②

5 서당 ➡ 예절 ➡ 양반 ➡ 쌀

6 교훈이 되는, 예절도 배웠지요.

**32** 112~113쪽

1 산다, 태어난, 기다리는

2 ① 다른 ② 타코

3 ①

4 ②

5 다문화 ➡ 전통 의상 ➡ 부모 ➡ 무지개

6 공간이 마련되었다, 바람을 전했다

---

넷째 마당 복습 114쪽

1 이야기의 내용과 어울리는 문장끼리 알맞게 연결하세요.

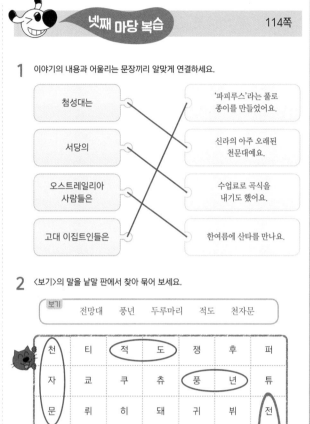

| | |
|---|---|
| 첨성대는 | '파피루스'라는 풀로 종이를 만들었어요. |
| 서당의 | 신라의 아주 오래된 천문대예요. |
| 오스트레일리아 사람들은 | 수업료로 곡식을 내기도 했어요. |
| 고대 이집트인들은 | 한여름에 산타를 만나요. |

2 〈보기〉의 말을 낱말 판에서 찾아 묶어 보세요.

보기  전망대  풍년  두루마리  적도  천자문

| 천 | 티 | 적 | 도 | 쟁 | 후 | 퍼 |
|---|---|---|---|---|---|---|
| 자 | 쿄 | 쿠 | 츄 | 풍 | 년 | 튜 |
| 문 | 뤼 | 히 | 돼 | 귀 | 뷔 | 전 |
| 됴 | 규 | 네 | 웨 | 녀 | 슈 | 망 |
| 두 | 루 | 마 | 리 | 겨 | 뷰 | 대 |

---

다섯 고개 놀이

호 박사

**나는 누구일까요? 넷째 마당에 나온 낱말이에요.**

1. 나는 소나기가 그치면 하늘에 떠요.
2. 물방울이 햇빛을 받아 내가 나타나는 거예요.
3. 가끔 내가 쌍으로 뜰 때도 있어요.
4. 내 이름을 붙인 떡도 있지요.
5. 나는 일곱 빛깔을 낼 수 있어요.

| ㅁ | ㅈ | ㄱ |
|---|---|---|
| | | |

정답 무지개

끝까지 풀다니
너 정말 멋지다!

바빠 초등 속담 + 따라 쓰기 | 12,000원

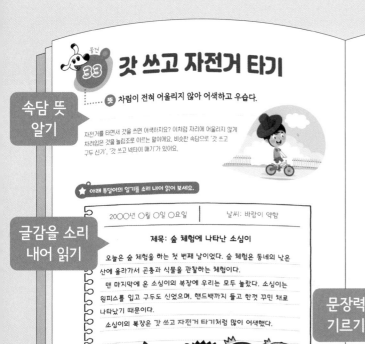

**속담 뜻 알기**

**글감을 소리 내어 읽기**

**문장력 기르기**

**속담 따라쓰기**

**속담 뜻 채우고 따라 쓰기**

**문장력 기르기**

**맞춤법 연습은 덤!**

호 박사
바빠 초등 사자성어 + 따라 쓰기도 있어요!

# 바빠 시리즈 초등 학년별 추천 도서

| 학년 | 학기별 연산책 바빠 교과서 연산<br>학기 중, 선행용으로 추천! | 나 혼자 푼다 바빠 수학 문장제<br>학교 시험 서술형 완벽 대비! |
|---|---|---|
| 1학년 | ·바빠 교과서 연산 1-1<br>·바빠 교과서 연산 1-2 | ·나 혼자 푼다 바빠 수학 문장제 1-1<br>·나 혼자 푼다 바빠 수학 문장제 1-2 |
| 2학년 | ·바빠 교과서 연산 2-1<br>·바빠 교과서 연산 2-2 | ·나 혼자 푼다 바빠 수학 문장제 2-1<br>·나 혼자 푼다 바빠 수학 문장제 2-2 |
| 3학년 | ·바빠 교과서 연산 3-1<br>·바빠 교과서 연산 3-2 | ·나 혼자 푼다 바빠 수학 문장제 3-1<br>·나 혼자 푼다 바빠 수학 문장제 3-2 |
| 4학년 | ·바빠 교과서 연산 4-1<br>·바빠 교과서 연산 4-2 | ·나 혼자 푼다 바빠 수학 문장제 4-1<br>·나 혼자 푼다 바빠 수학 문장제 4-2 |
| 5학년 | ·바빠 교과서 연산 5-1<br>·바빠 교과서 연산 5-2 | ·나 혼자 푼다 바빠 수학 문장제 5-1<br>·나 혼자 푼다 바빠 수학 문장제 5-2 |
| 6학년 | ·바빠 교과서 연산 6-1<br>·바빠 교과서 연산 6-2 | ·나 혼자 푼다 바빠 수학 문장제 6-1<br>·나 혼자 푼다 바빠 수학 문장제 6-2 |

'바빠 교과서 연산'과
'바빠 수학 문장제'를
함께 풀면
한 학기 수학 완성!

## 영역별 연산책 바빠 연산법
### 방학 때나 학습 결손이 생겼을 때~

· 바쁜 1·2학년을 위한 빠른 **덧셈**
· 바쁜 1·2학년을 위한 빠른 **뺄셈**
· 바쁜 초등학생을 위한 빠른 **구구단**
· 바쁜 초등학생을 위한
  빠른 **시계와 시간**

· 바쁜 초등학생을 위한
  빠른 **길이와 시간 계산**
· 바쁜 3·4학년을 위한 빠른 **덧셈/뺄셈**
· 바쁜 3·4학년을 위한 빠른 **곱셈**
· 바쁜 3·4학년을 위한 빠른 **나눗셈**
· 바쁜 3·4학년을 위한 빠른 **분수**
· 바쁜 3·4학년을 위한 빠른 **소수**
· 바쁜 3·4학년을 위한 빠른 **방정식**

· 바쁜 5·6학년을 위한 빠른 **곱셈**
· 바쁜 5·6학년을 위한 빠른 **나눗셈**
· 바쁜 5·6학년을 위한 빠른 **분수**
· 바쁜 5·6학년을 위한 빠른 **소수**
· 바쁜 5·6학년을 위한 빠른 **방정식**
· 바쁜 초등학생을 위한 빠른
  **약수와 배수, 평면도형 계산,
  입체도형 계산, 자연수의 혼합 계산,
  분수와 소수의 혼합 계산, 비와 비례,
  확률과 통계**

## 바빠 국어/ 급수한자
### 초등 교과서 필수 어휘와 문해력 완성!

· 바쁜 초등학생을 위한 빠른 **맞춤법 1**
· 바쁜 초등학생을 위한
  빠른 **급수한자 8급**
· 바쁜 초등학생을 위한 빠른 **독해 1, 2**

· 바쁜 초등학생을 위한 빠른 **독해 3, 4**
· 바쁜 초등학생을 위한 빠른 **맞춤법 2**
· 바쁜 초등학생을 위한
  빠른 **급수한자 7급 1, 2**

· 바쁜 초등학생을 위한
  빠른 **급수한자 6급 1, 2, 3**
· 보일락 말락~ 바빠 **급수한자판**
  **+ 6·7·8급 모의시험**

· 바빠 급수 시험과 어휘력 잡는
  **초등 한자 총정리**
· 바쁜 초등학생을 위한 빠른 **독해 5, 6**

재미있게 읽다 보면
나도 모르게
교과 지식까지 쑥쑥!

## 바빠 영어
### 우리 집, 방학 특강 교재로 인기 최고!

· 바쁜 초등학생을 위한 빠른 **알파벳 쓰기**
· 바쁜 초등학생을 위한
  빠른 **영단어 스타터 1, 2**
· 바쁜 초등학생을 위한
  빠른 **사이트 워드 1, 2**
· 바쁜 초등학생을 위한 빠른 **파닉스 1, 2**

· 전 세계 어린이들이 가장 많이 읽는
  **영어동화 100편 : 명작/과학/위인동화**
· 짝 단어로 끝내는 바빠 **초등 영단어**
  **— 3·4학년용**
· 바쁜 3·4학년을 위한 빠른 **영문법 1, 2**
· 바빠 초등 **필수 영단어**
· 바빠 초등 **필수 영단어 트레이닝**
· 바빠 초등 **영어 교과서 필수 표현**
· 바빠 초등 **영어 일기 쓰기**

· 짝 단어로 끝내는 바빠 **초등 영단어**
  **— 5·6학년용**
· 바빠 초등 **영문법 — 5·6학년용 1, 2, 3**
· 바빠 초등 **영어시제 특강 — 5·6학년용**
· 바쁜 5·6학년을 위한 빠른 **영작문**
· 바빠 초등 하루 5문장 **영어 글쓰기 1, 2**

**1-2 단계**

1~2 학년

**3-4 단계**

3~4 학년

**5-6 단계**

5~6 학년

비문학 지문도 재미있게 읽을 수 있어요!

## 바빠 독해 1~6단계

각 권 9,800원

- **초등학생이 직접 고른 재미있는 이야기들!**
  - 연구소의 어린이가 읽고 싶어 한 흥미로운 이야기만 골라 담았어요.
  - 1단계 | 이솝우화, 과학 상식, 전래동화, 사회 상식
  - 2단계 | 이솝우화, 과학 상식, 전래동화, 사회 상식
  - 3단계 | 탈무드, 교과 과학, 생활문, 교과 사회
  - 4단계 | 속담 동화, 교과 과학, 생활문, 교과 사회
  - 5단계 | 고사성어, 교과 과학, 생활문, 교과 사회
  - 6단계 | 고사성어, 교과 과학, 생활문, 교과 사회

- **읽다 보면 나도 모르게 교과 지식이 쑥쑥!**
  - 다채로운 주제를 읽다 보면 초등 교과 지식이 쌓이도록 설계!
  - 초등 교과서(국어, 사회, 과학)와 100% 밀착 연계돼 학교 공부에도 직접 도움이 돼요.

- **분당 영재사랑 연구소 지도 비법 대공개!**
  - 종합력, 이해력, 추론 능력, 분석력, 사고력, 문법까지 한 번에 OK!
  - 초등학생 눈높이에 맞춘 수능형 문항을 담았어요!

- **초등학교 방과 후 교재로 인기!**
  - 아이들의 눈을 번쩍 뜨게 할 만한 호기심 넘치는 재미있고 유익한 교재!
  - (남상 초등학교 방과 후 교사, 동화작가 강민숙 선생님 추천)

**16년간 어린이들을 밀착 지도한 호사라 박사의 독해력 처방전!**

영재 교육 선생님들의 선생님!
**호사라 박사**

"초등학생 취향 저격! 집에서도 모든 어린이가 쉽게 문해력을 키울 수 있는 즐거운 활동을 선별했어요!"

★ 서울대학교 교육학 학사 및 석사
★ 버지니아 대학교(University of Virginia) 영재 교육학 박사

분당에 영재사랑 교육연구소를 설립하여 유년기(6~13세) 영재들을 위한 논술, 수리, 탐구 프로그램을 16년째 직접 개발하며 수업을 진행하고 있어요.